NAVER 네이버 대표카페 지혜쌤 × 조은쌤

🔍 | 쉽게 배워 바로 쓰는 디지털 도구 활용법

디지털 도구 활용백서

어린이집 ▸ 유치원 ▸ 학교 선생님을 위한
한글, 파워포인트, 디지털 프로그램 사용 가이드

📁 한글   📁 미리캔버스/캡컷 활용법
📁 파워포인트   📁 다양한 사이트 정보 제공

KB026569

들어가며

안녕하세요? 전국의 어린이집, 유치원 선생님 그리고 아이들을 가르치는 현장에 계시는 선생님들 반갑습니다. 저는 조은쌤입니다.

아이들과 함께하는 현장에서, 교사들은 교육을 기본으로 상당히 많은 일을 하고 있습니다. 현장에서 고군분투 하시는 선생님들을 생각하면 자연스레 멀티플레이어라는 말이 떠오릅니다.

교사라는 직업을 아이들만 예뻐하고 사랑하면 되는 줄 아는 사람들도 많겠지요. 하지만 현장에서 선생님들이 하시는 일은 한두가지가 아닙니다. 이 사실을 너무 잘 알기에 항상 감사하고 존경하는 마음이 가득합니다.

현장에서 아이들(영유아 뿐 아니라 초등학교에 다니는 어린이들을 포함하여) 교육과 케어를 해주시는 선생님들은 수업과 놀이를 위한 자료를 연구하고 준비해야 합니다. 그 밖에도 일상 생활에서의 지도, 인성과 감정, 정서적인 부분의 지원, 기관의 행사 준비 및 운영, 1년에도 여러 차례 진행되는 각종 평가과정 등을 준비하며 쉴 틈 없이 바쁘게 지내곤 합니다.

개정되는 교육과정을 흡수하여 아이들에게 가르쳐 주어야 하고, 또 빠르게 변화하는 트렌드에도 민감하게 반응해야 하니, 그 모든 것을 해내는 선생님들 정말 대단합니다.

몇년 전까지만 해도 아이들과의 놀이, 교육 자료를 준비하는 것이 단순한 손노동이었습니다. 직접 그리고, 자르고 코팅을 한 후 또 다시 자르고, 붙이는 등의 수작업이 일반적이었습니다만, 이제는 시대가 달라졌습니다. 어쩜 그리 디지털 금손들이 많은지, 예쁜 도안이나 작품을 보면 '우리 반 아이들에게도 해주고 싶다'라는 생각부터 들지 않으신가요?

PREFACE

디 지 털 도 구 활 용 백 서 | 머 리 글

혹시 빠르게 변화하는 시대의 흐름을 따라가지 못하고 아직도 제자리에 계시진 않은가요? 무엇부터 배워야 할지 막막하고, 컴퓨터만 켜면 눈 앞이 까매지는 듯 헤매고 계시진 않은가요?

새로운 시대를 살아갈 우리 아이들, 지금과는 전혀 다른 세상에 잘 적응해 나갈 수 있으려면 아이들을 가르치는 선생님이 그 부분을 잘 알고 있어야 할 것입니다. 이 책은 새롭게 등장하는 다양한 디지털 프로그램을 충분히 활용하기 위한 기본서로, 하나씩 따라하다 보면 어느새 어려웠던 프로그램의 메뉴가 눈에 들어오고, 이것 저것 만들고 작업하는 데 소요되는 시간도 단축되는 것을 느끼실 수 있을 거라고 생각합니다.

누구보다 귀한 일을 하는 선생님, 이 책을 통해 아이들과 함께 하는 시간을 더욱 풍성하게 만들 수 있기를 바라는 마음으로 준비하였습니다. 본 책은 실제 현장에서 사용하는 다양한 문서와 기타 필요한 서류 등에 대한 기본 매뉴얼입니다. 심화 과정에 대해서는 오프라인 혹은 온라인 강의 등을 통하여 진행을 하거나 심화 내용을 다룬 책을 별도로 준비해보려고 합니다. 구매자의 수준에 따라 책에 대한 활용도에는 차이가 있을 수 있음을 미리 안내드립니다. 이 책으로 하여금 선생님들의 노고에 조금이나마 도움이 되기를 진심으로 바랍니다.

끝으로, 감사했던 분들께 인사 전합니다. 현장에서 저와 함께 지내며 아이들에게 큰 행복을 선물해 주시고, 제게 힘이 되어 주셨던 저의 선생님들, 선생님들이 계셨기에 이 원고를 잘 마무리 할 수 있었습니다.

염효수, 현가인, 윤경아, 임은지, 김민주, 유기숙, 이은미, 이수진, 두영아 선생님 그리고 저의 든든한 지원자 박용욱 대표님과 이순애 원장님께 깊은 감사의 말씀 꼭 전하고 싶습니다.

조은쌤 드림

축사

이 책을 읽지 않아도 선생님들이 원에서 업무를 수행하시는데 아무 문제 없습니다. 다만 이 책을 읽으신다면 선생님의 업무 시간을 보다 효율적으로 활용할 수 있고 수업 준비를 훨씬 더 편리하게 할 수 있으며 이는 곧 선생님의 워라밸을 지키는데 매우 유용한 도구가 될 것 입니다. 지혜쌤 20만 명 가까운 회원 분들이 가장 어려워하고 가장 궁금해하고 가장 많이 도움을 요청하신 내용을 함축하여 한 권에 담은만큼 이 책 한 권으로 능력있는 교사로 거듭나고 선생님의 소중한 워라밸을 지키시길 바랍니다.

어린이집&유치원 교사 네이버 카페 지혜쌤 매니저

디지털도구사용백서!

드디어 출간이 되었네요!

영유아 교육 전공 선생님들이 컴퓨터 문서 작업 시 어려움이 많은 것을 어찌 아시고 조은쌤이 필요한 요소요소만 자세히 쏙 뽑아 집필하셨네요!

아주 기초적인 한글 기본부터 차근차근 단계적으로 배울 수 있는 디지털 백과입니다. 조은쌤의 문서작업 스킬을 아는 사람은 다 아시죠? 그간 교사 교육의 노하우가 다 담긴듯 합니다.

이 책이 영유아 교사들의 필수 지침서가 되길 바라고 추천합니다.

영유아교육디자인연구소 라지숙 소장

PREFACE

오늘날 급변하는 시대 속에서 디지털 도구 활용 능력은 개인 및 기관의 경쟁력을 결정하는 중요한 요소 중 하나입니다. 업무 효율성을 높이고, 새로운 가능성을 열어주는 디지털 도구는 더 이상 선택이 아닌 필수가 되었습니다.

그리고 현 시점에 맞춰 출간된 조은쌤의 디지털도구 활용 백서는 많은 선생님께 큰 도움이 될 것이라고 확신합니다. 조은쌤은 오랜 기간 교육기관 운영으로 쌓은 풍부한 실무 경험을 바탕으로, 이 책 안에 실용적이고 효과적인 디지털 도구 활용 노하우를 담았습니다.

조은쌤의 책을 통해 선생님들이 디지털도구 활용에 대한 자신감을 얻고, 아이들에게 즐겁고 효과적인 교육을 제공할 수 있기를 기대합니다.

바피디자인컨설팅 대표 스마일정쌤 박정 드림

CONTENTS

디 지 털 도 구 활 용 백 서 | 목 차

목차

CONTENTS

디 지 털 도 구 활 용 백 서 | 목 차

CONTENTS

디 지 털 도 구 활 용 백 서 | 목 차

CHAPTER.II 파워포인트 활용편

CONTENTS

디 지 털 도 구 활 용 백 서 | 목 차

CONTENTS

디 지 털 도 구 활 용 백 서 | 목 차

C O N T E N T S

디 지 털 도 구 활 용 백 서 | 목 차

CHAPTER.1

한글 활용편

현장에서 가장 기본으로 자주 사용하는 한글 프로그램, 메뉴에 대해 전반적으로 이해를 한 후 작업 기능을 하나씩 배우는 것이 훨씬 효과적이고 다양한 기능을 활용할 수 있습니다. 프로그램 이 계속 업그레이드 되면서 한글 프로그램 역시 상당히 다양한 기능을 보유하고 있습니다. 이번 기회를 통해, 한글 프로그램을 다루는 실력을 한단계 UP 하시길 바랍니다.

한글 프로그램으로는 보통 문서 작업을 많이 하게 됩니다. 기본 기능을 살펴본 후, 자주 작업하 는 문서에 대하여 예제를 만들어 보도록 하겠습니다.

 한글 기본 메뉴 익히기

① 메뉴 표시줄

한글 파일을 열면 상단에 메뉴를 확인할 수 있습니다. 내용을 살펴보자면 [파일-편집-보기- 입력-서식-쪽-보안-검토-도구]의 순으로 구성되어 있음을 알 수 있습니다. 각 메뉴를 클릭 하면 아래에 세부 메뉴가 펼쳐지며 구체적인 사항을 조절할 수 있습니다.

② 빠른 검색 상자

빠른 검색 상자를 활용해 보신 적 있으신가요? 흐릿해서 잘 보이지 않아 사용하지 않는 선생님들도 많으신데요. 한글 창의 우측 상단에 위치한 크기를 조절하는 버튼 아래에 있습니다. 빠른 검색 상자를 통해 필요한 단어, 문서의 내용을 쉽고 빠르게 찾을 수 있습니다.

③ 리본형 기본 도구 상자

메뉴 표시줄의 각 메뉴를 선택하면 해당하는 메뉴의 기능과 관련되어 자주 사용하는 세부 기능이 아이콘의 형태로 표시됩니다. 이것을 리본형 기본 도구 상자라고 합니다. 직관적인 이미지로 보다 쉽게 기능을 이해하고 사용할 수 있습니다.

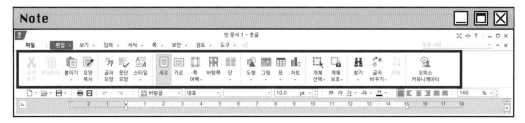

④ 상황 표시줄

한글 작업창의 하단에서 확인할 수 있습니다. 현재 작업하고 있는 문서에 대한 기본 내용이 표시됩니다. 현재쪽/전체 페이지 수, 문자의 삽입 혹은 수정의 상태, 변경 내용 기록의 상태를 알 수 있습니다.

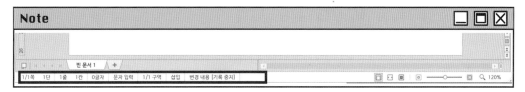

한글 활용편

13

⑤ 확대/축소 슬라이더와 화면 보기 방식

- 한글 작업창의 하단의 우측을 보겠습니다. 작업을 하며 글자나 전체 문서의 구성을 확인 할 때 너무 작거나 커서 불편하다면 이 기능을 사용해 보세요. 작업을 하고 있는 전체 화면을 어떤 크기로 확대, 축소하여 볼 것인지 설정하는 기능입니다.
- 슬라이더 외에도 Ctrl 버튼을 누른 채 마우스의 스크롤을 위아래로 움직여 화면의 크기를 조정할 수도 있습니다.
- 슬라이더의 왼쪽에는 쪽 윤곽, 폭 맞춤, 쪽 맞춤의 기능이 있어 전체 페이지를 조정하여 볼 수 있습니다.

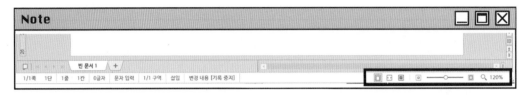

 불러오기 활용하기

① 새 문서 서식

한글을 실행할 때, 새로운 문서를 만들기 위해 빈 페이지에서 작업을 한다면 새문서 서식을 클릭하고 시작합니다.

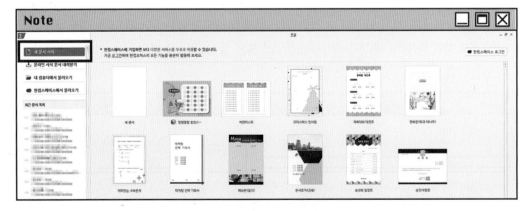

② 온라인 서식 문서 내려받기

한글을 실행하여 매번 새문서 서식으로 작업을 시작하였다면, 한글 프로그램에서 제공하는 온라인 서식 문서 내려받기를 활용해 보시기 바랍니다. 생각보다 다양한 내용을 제공하고 있습니다. 한글 서식 뿐만 아니라 클립아트, 그리기 조각, 글꼴 등을 사용할 수 있습니다.

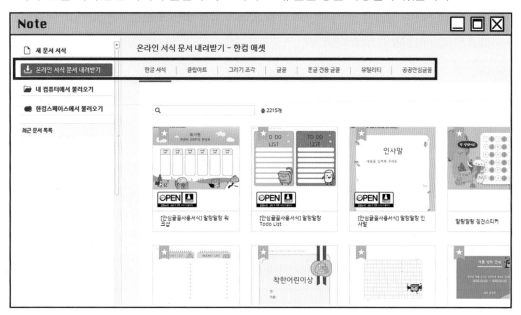

문서 기본 작업하기

① 새문서 만들기

파일에서 새문서 만들기는 익숙하게 잘 활용하실 수 있을 겁니다. 파일 메뉴를 열고 새 문서를 선택해 빈 페이지를 불러옵니다. 빈 화면에서 새롭게 문서를 작업할 때 사용하는 기본 작업 과정입니다.

한글활용편

② 탭 추가하여 문서 작성하기와 저장하기

- 한두 개의 문서 작업을 할 때에는 ①번의 방법도 불편한 점이 없겠지만, 동시에 여러 문서를 작업할 때에는 번거로울 수 있습니다.
- 새 창을 열지 않고 작업을 하던 창에서 탭을 추가하여 새 문서를 작성하면 다른 문서와 연계하거나 참조하며 작업을 할 때 하단의 탭을 눌러 이동을 하면 되므로, 시간이 많이 단축되고 효율적으로 작업할 수 있습니다.

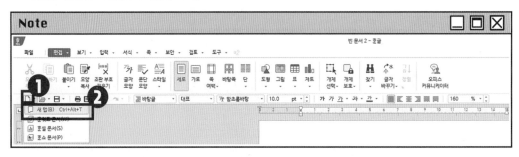

- 위의 그림과 같이 리본 메뉴 아래의 가장 왼쪽에 있는 새문서를 눌러 새 탭을 클릭하여 불러올 수 있습니다.
- 또는 아래 네모박스의 + 버튼을 눌러 더 빠르고 간편하게 탭을 추가할 수도 있습니다.

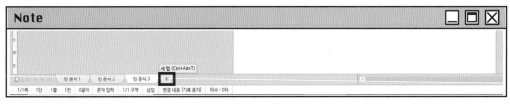

- 계획안과 일지, 관찰일지를 동시에 작업한다면 주제와 내용이 연결되어 있는지 확인해야 하는 경우가 있을 겁니다. 그럴 때마다 새롭게 파일을 열어 확인을 하고, 출력을 하여 검토하는 등 일일이 대조해 가며 작업하는 것보다는 탭을 사용하시기를 추천합니다.
- 연간계획안-3월월간계획안-3월1주보육일지-3월2주보육일지-3월3주보육일지-3월4주보육일지-3월관찰일지(OOO) 등으로 같은 한글 작업 창 안에서 탭을 구분하여 작업을 합니다.
- 작업을 마친 후, 각각의 파일을 따로 저장하면 좀 더 수월하게 업무를 처리할 수 있습니다.
- 각 탭에서 문서 작업을 한 것은 원하는 폴더에 파일을 저장하면 됩니다.

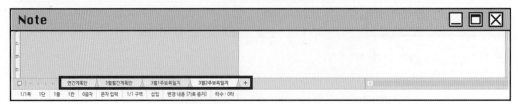

- 조금 더 빠르게 저장하는 방법을 다음페이지의 두가지 방법을 참고하시면 됩니다.
- 두가지 방법 모두 각각의 탭 별로 저장을 할 수 있습니다.

- 우선 리본 메뉴 아래의 작업표시줄에 위치한 디스켓 모양 옆의 아래 꺾새를 클릭한 후, 다른 이름으로 저장하기를 선택하는 방법입니다.

- 간편하게 한글 파일 작업창의 하단에 위치한 탭의 빈문서칸에 마우스를 대고 우클릭하여 다른 이름으로 저장하기 버튼을 눌러도 간편하게 저장할 수 있습니다.

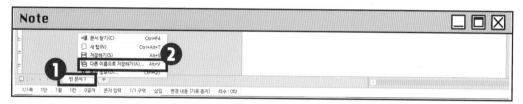

③ 문서 저장하기

- 기존 파일을 불러와 작업을 하다가 추가하거나 수정, 삭제 등의 보완해야 할 사항이 있다면 원본문서와 다른 이름으로 저장하는 것이 좋습니다. 실수를 방지하기 위한 방법입니다.
- 원본문서에 그대로 저장하면 되돌릴 수 없으므로, 원본을 두고 추가 작업한 것을 따로 저장하고 싶을 때에는 파일이름에 숫자를 붙이는 등의 방법으로 이름을 변경하여 다른 이름으로 저장하기를 클릭합니다.
- 이 때에는 파일명을 원본 파일명+a 의 정도로 알기 쉽게 설정하는 것이 좋습니다.
- 파일을 저장할 때에 새폴더에 저장을 하게 되는데, 급하게 일을 마무리 한다고 뒤죽박죽 생각나는 대로 이름을 생성하는 것은 좋지 못한 습관입니다. 열심히 작업하고도 폴더, 파일명을 검색해도 찾지 못하여 처음부터 새로 만드는 일이 발생할 수 있기 때문입니다.
- 연도, 작업월일, 숫자, 기호를 사용하거나 카테고리, 문서의 구분, 명칭 등을 정확히 기재하는 것이 좋습니다.

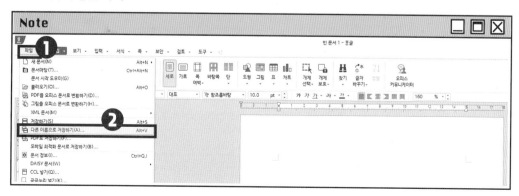

조은쌤's TIP1.

자동 저장 설정하기

열심히 한글 문서 작업을 하다가 갑자기 다운이 되어서 저장되지 않은 경우가 있으실 거예요. 눈물이 앞을 가리는 마음을 십분 이해합니다. 이런 상황은 미연에 방지하는 것이 필수! 자동 저장 시간을 설정하면 중단에 PC에 문제가 생겨도 저장된 내용을 불러올 수 있어서 큰 도움이 됩니다.

- 파일 작업을 하기 전 다른 이름으로 저장하기 버튼을 누릅니다.
- 다른 이름으로 저장하기 창이 뜨면 하단의 도구를 클릭합니다.

- 도구 - 저장 설정을 클릭합니다.

- 저장 설정 창의 하단을 보면 무조건 자동 저장을 하는 분 단위와 쉴 때 자동 저장되는 초의 단위를 설정할 수 있습니다. 개인의 작업 속도 등을 고려하여 설정하면 됩니다.

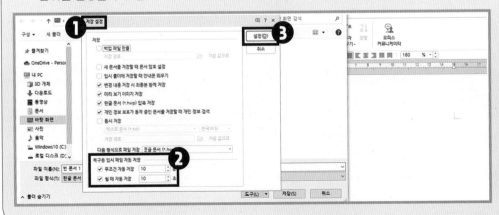

암호 설정 하기와 해제 하기

① 암호 설정하기

- 내가 만든 파일을 다른 사람이 무단으로 보거나 유출하지 못하도록 하고 싶을 때 암호를 설정합니다.
- 다른이름으로 저장하기 대화상자를 연 후, 아래의 저장 버튼 왼쪽의 도구를 클릭합니다. 새롭게 팝업이 된 창에서 암호를 입력하고(암호 확인을 한 후) 설정을 클릭합니다.

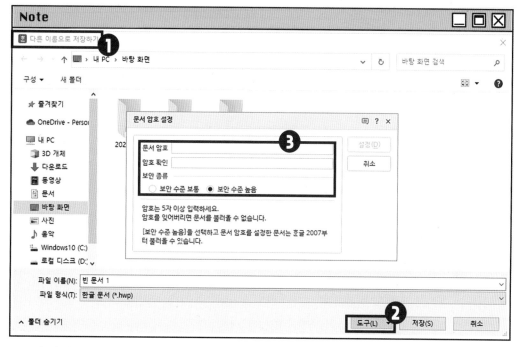

- 이 때에 보안 수준 높음을 설정할 경우, 2007년 이전의 문서는 불러올 수 없습니다.
- 2007년 이전 버전의 파일을 불러오고 싶은 경우에는 보안수준 높음이 아닌 보안수준 보통으로 설정해 주셔야 합니다.

- 암호 설정은 기본 메뉴의 보안에서도 설정할 수 있습니다.

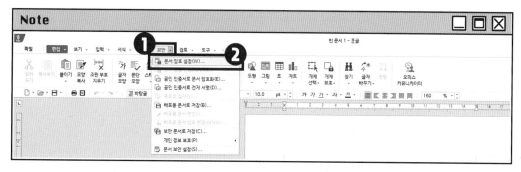

② 암호가 설정된 문서 불러오기

- 암호가 설정된 문서를 불러올 때에는 파일 불러오기 메뉴에서(암호가 설정된) 해당 파일을 선택합니다.
- 문서 암호 창이 뜨면서 암호를 입력하는 창이 나오면 암호를 입력한 후, 확인을 클릭하여 문서를 불러오면 됩니다.

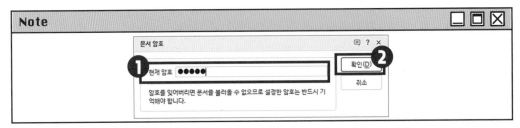

③ 암호 설정 해제하기

- 암호 설정을 해제하고 싶은 경우, 보안 ➡ 문서암호 변경/해제를 클릭합니다.

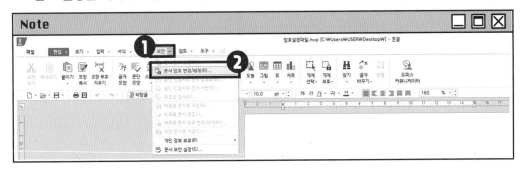

- 아래의 그림과 같이 암호 해제에 체크를 하고 설정했던 암호를 입력합니다.
- 그 다음 아래의 새 암호/암호 확인 칸은 비워둔 채 오른쪽의 해제 버튼을 누르면 됩니다.

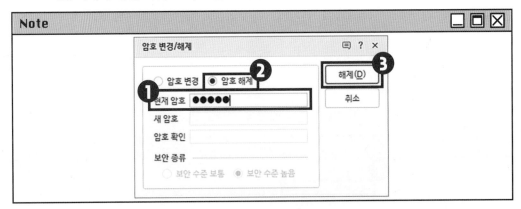

④ 암호 변경하기

- 암호를 변경하는 경우에는 보안 ➜ 문서암호 변경/해제를 클릭한 후, 아래의 그림과 같이 암호 변경에 체크를 하고 설정했던 암호를 입력합니다.
- 아래의 새 암호/암호 확인 칸에 새롭게 설정하고자 하는 암호를 입력하고 오른쪽의 변경 버튼을 누르면 됩니다.

Note

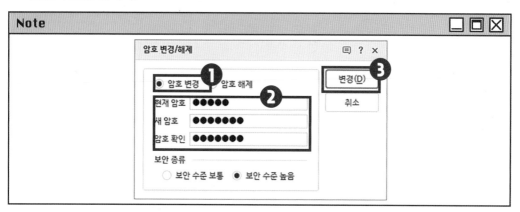

 입력하기

① 한자 입력하기

- 한글을 한자로 변환할 때 글자나 단어 단위로 변경할 수 있습니다.
- 원아서식을 만들거나 중국 국적의 아동의 이름 등을 작성할 때 필요할 수 있습니다.
- 변환할 한글 단어를 드래그 한 후, 키보드의 한자 버튼을 눌러주세요.
- 원하는 한자를 선택한 후 바꾸기를 클릭합니다.

Note

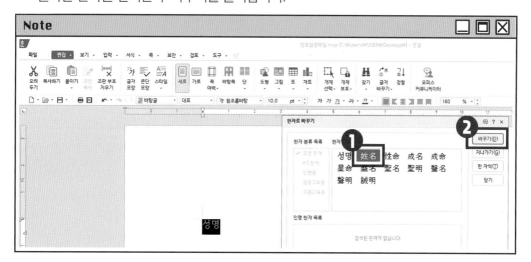

- 위의 예시와 같이 일상 생활에서 자주 보고 사용하는 쉬운 한자가 아닌 경우, 한자어로 변환하면 무슨 글자인지 모르거나 헷갈릴 수 있습니다.
- 그럴 때에는 한자어와 함께 괄호를 사용해 한글로 뜻을 설명해 주는 것이 좋습니다.
- 번거롭게 타이핑 하지 않고, 설정에서 선택을 해주시면 됩니다.

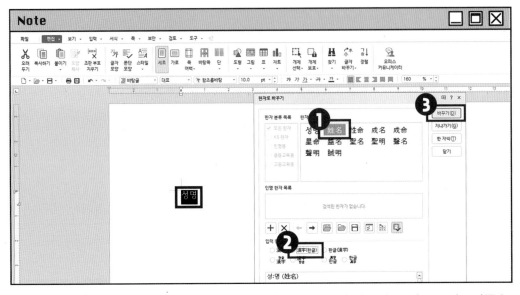

- 한문을 다시 한글로 바꿀 때에는 기본 메뉴의 편집에서 글자 바꾸기 ➜ 한글로 바꾸기를 눌러주세요.

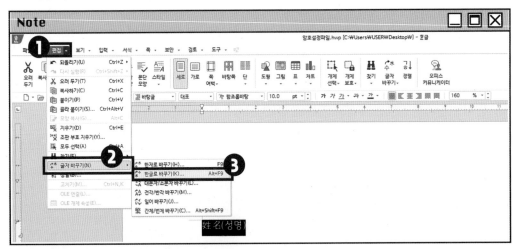

② 특수 문자 입력하기

• 한글에서 제공하는 기호나 문자표를 사용할 때에는 기본 메뉴에서 입력을 누른 후 하단의
문자표를 클릭해서 필요한 기호를 찾아 넣기 버튼을 누르시면 됩니다.

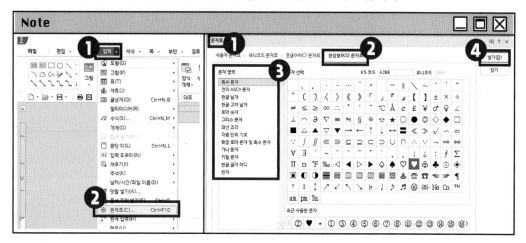

• 원문자, 화살표 등 문자표 안에 간단한 기호 외에도 다양한 문자표의 형식이 있으니, 필요에
따라 사용하시길 바랍니다.

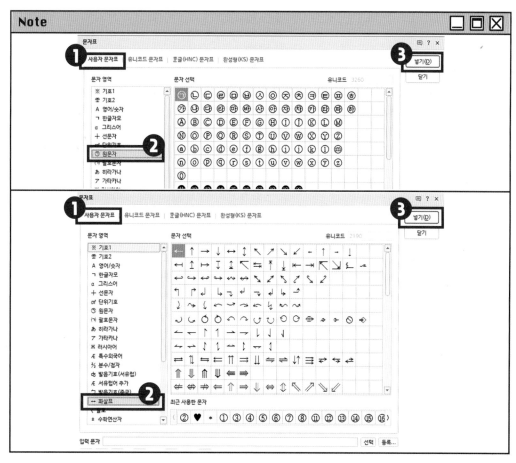

한글 활용편

공동 작업시 메모 사용하기

현장에서 서류 작업을 하다 보면 함께 작업을 하거나, 검토를 받아야 할 때가 있습니다. 매번 출력해서 보고, 수기로 검토 받은 내용을 일일이 확인해 또 다시 입력하고, 또 검토 받고... 생각만 해도 진이 빠지는 듯 합니다. 또 공동으로 프로젝트를 하거나, 공모전 등을 준비하며 서류를 공유해 의견을 조율하고, 개선해 나갈 때 메모 기능을 사용해 보세요. 보다 효율적으로 소통하고 내용을 공유할 수 있는 좋은 방법이 될 것입니다.

- 한글 문서 본문에 따로 기록할 수는 없지만 부연 설명이 필요한 경우, 메모를 넣을 텍스트를 드래그 한 후, 마우스 우클릭을 해주세요.
- 그 다음 중간에 위치한 새 메모를 클릭합니다.

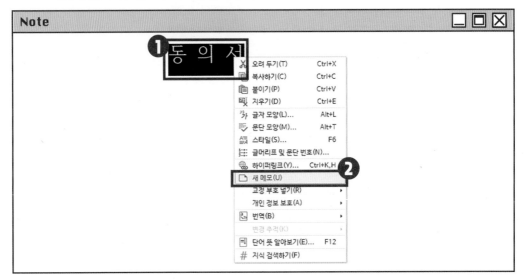

- 새 메모를 클릭하면 우측에 메모창이 생겨납니다. 창 안에 설명 혹은 기타 필요한 내용 등을 작성합니다.
- 메모 기능을 통해 출력하여 따로 메모를 남기거나, 한글 문서의 내용에 첨삭할 필요 없이 간편하게 공동 작업자, 검토자 등이 확인할 수 있습니다.

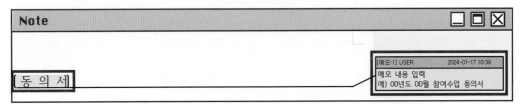

- 메모를 클릭하면 상단의 메뉴가 메모 전용 메뉴바로 변경됩니다.

• 메모를 지우거나 모양을 바꿀 수 있고, 표시 여부와 안내선 등도 조정할 수 있습니다.

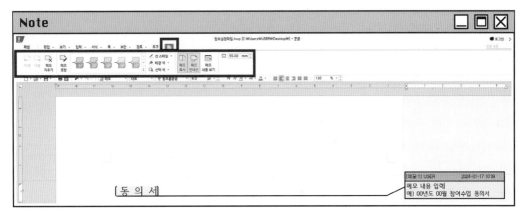

 책갈피

① 책갈피

• 책갈피 기능을 살펴보겠습니다. 책갈피 기능은 전체 문서의 부분을 표시하여 필요할 때 찾아볼 수 있도록 도와주는 기능입니다. 문서의 양이 많을 때 사용하면 유용합니다.

• 기본 메뉴바의 입력 탭에서 하단의 책갈피를 클릭한 후, 이름을 기입하고 넣기를 클릭합니다.

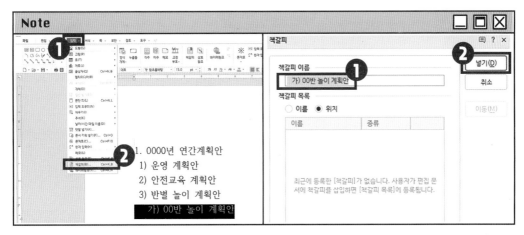

• 책갈피를 확인하고 싶은 경우, 상단의 메뉴바의 입력을 클릭, 오른쪽의 책갈피를 누르면 책갈피의 목록을 확인할 수 있습니다.

조은쌤's TIP2.

입력 메뉴의 다양한 기능

- 위의 기능 외에도 입력 메뉴에는 다양한 기능이 있습니다.

- 입력의 메뉴에서 두 번째 줄의 그림을 클릭하면 사진이나 그림 파일을 업로드 하는 건 다들 잘 알고 계실텐데요.

- 그림 아래 위치한 그리기 마당이라는 버튼을 눌러볼까요?

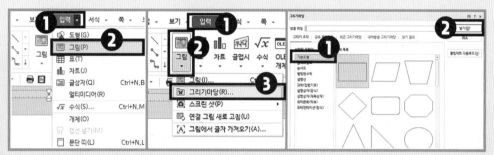

- 그리기 마당에는 그리기 조각/ 공유 클립아트/ 최근 그리기마당/ 내려받은 그리기마당/ 등의 메뉴가 있습니다.

- 생각보다 다양한 형식을 제공하는 것을 볼 수 있습니다.

- 메뉴 하나씩 클릭해서 내용을 살펴보신 후, 필요한 용도에 맞게 활용해 보셔도 좋겠습니다.

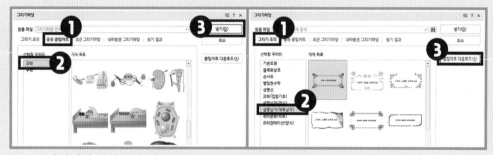

- 그리기 마당 창의 넣기 버튼 아래에 위치한 클립아트 다운로드를 눌러 보세요!

- 그 안에 재미있는 이모티콘, 그리기 조각 등이 있으니 필요한 것을 찾아 저장해 보시는 것도 추천합니다.

스크린 캡쳐 기능

활동지를 만들거나, 초대장, 가정통신문 등을 작성하는 작업을 하다보면 이미지나 문서의 내용을 캡쳐해서 한글작업을 하던 파일에 붙여넣기를 해야하는 경우가 있곤 합니다. (물론 저작권에 항상 주의해야 합니다) 그럴 때 간편하게 한글 프로그램의 스크린 캡쳐를 이용해 보세요.

- 입력 메뉴에서 그림을 선택한 후 메뉴 하단의 스크린 샷을 클릭합니다.
- 오른 쪽에 나타나는 메뉴의 하단에 화면 캡쳐 버튼을 클릭합니다.
- 모니터에서 나타나는 화면 중 필요한 영역을 마우스로 드래그 하면 자동으로 작업하던 한글 파일에 붙여넣어 집니다.

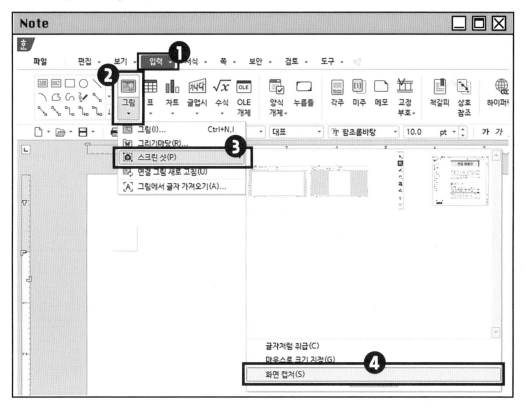

한글 활용편

표 만들기

기관에서 여러 가지 문서 작업을 하다보면 표를 만들어야 하는 경우가 꽤 많으실 거예요. 안내문이나 신청서, 아이들 활동지에도 표가 들어가는 경우가 있습니다.

그럼 표를 만들어 작업하는 과정을 살펴보도록 하겠습니다.

① 기본 표 만들기

- 메뉴의 입력을 누르신 후, 표를 클릭하면 아래와 같은 모습이 보이게 됩니다.
- 그럼 필요한 표의 열과 행의 개수만큼 드래그 합니다.

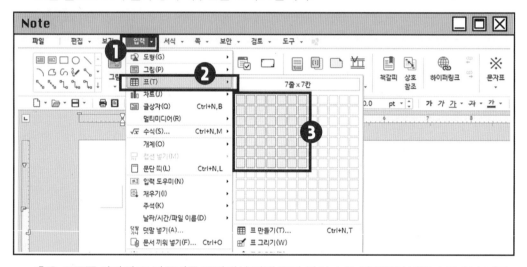

- 혹은 오른쪽 하단의 표 만들기를 클릭해서 직접 줄과 칸의 수를 입력해서 만들 수도 있습니다.

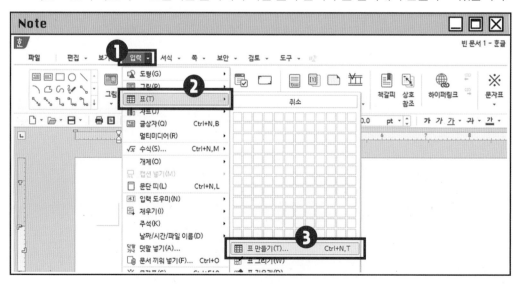

② 표마당 활용하기

• 위와 동일하게 입력에서 표를 선택해 표 만들기 창을 띄운 후, 만들기 버튼 아래쪽에 위치한 표마당을 클릭합니다.

• 단순하게 기본 표를 사용하기 보다는 이처럼 표마당의 다양한 양식을 활용해 보는 것을 추천합니다.

• 표마당을 클릭하면 다음과 같은 창이 나타나게 됩니다.

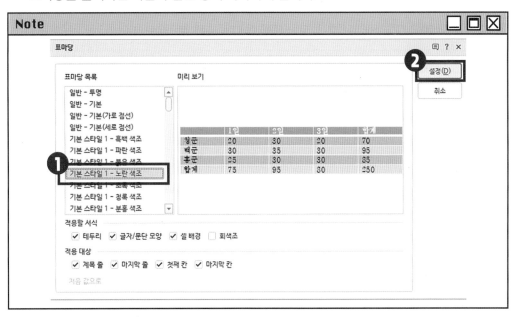

• 표마당 목록에는 다양한 스타일의 표가 예제로 올라와 있습니다.

• 일일이 색이나 테두리를 설정할 필요 없이 간단하게 표 양식을 불러올 수 있습니다.

- 스타일 뿐 아니라 아래의 적용할 서식의 메뉴를 통해 적용할 내용만 선택하실 수 있습니다. 테두리, 글자나 문단 모양, 셀 배경, 회색조, 적용 대상에서 제목 줄이나 마지막 줄, 첫째 칸 과 마지막 칸을 선택한 후 설정 버튼을 클릭합니다.

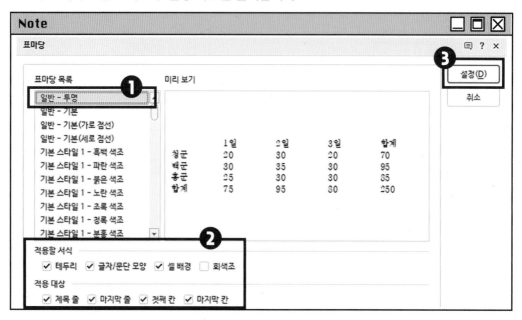

- 위에서 이야기 한 대로 표마당 목록에서 밝은 스타일3 - 초록 색조를 선택한 후, 적용할 서식 의 테두리, 글자/문단모양/셀 배경으로 선택하고, 적용 대상의 제목 줄, 마지막 줄, 첫째 칸 과 마지막 칸을 모두 선택한 후 설정 버튼을 클릭해 표를 불러왔습니다.

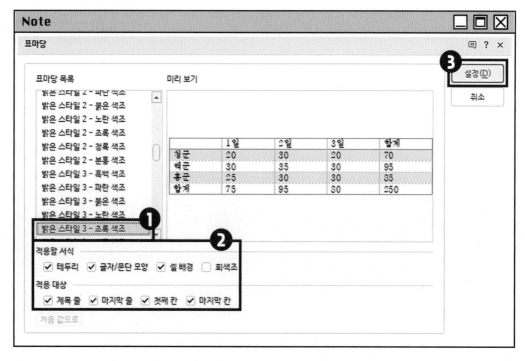

• 표를 불러온 후, 작업을 하기 전 표를 클릭한 상태에서 마우스 우클릭을 해주세요. 개체속성을 클릭해 테두리와 배경 등의 세부 설정을 할 수 있습니다.

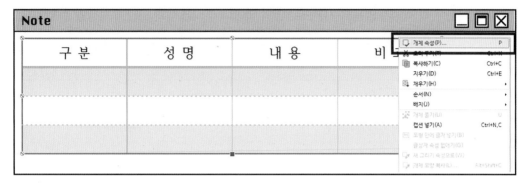

③ 표/셀 속성 설정하기

• 표/셀 속성을 클릭 한 후, 테두리의 종류 및 굵기, 색, 셀 간격 등을 설정할 수 있습니다.

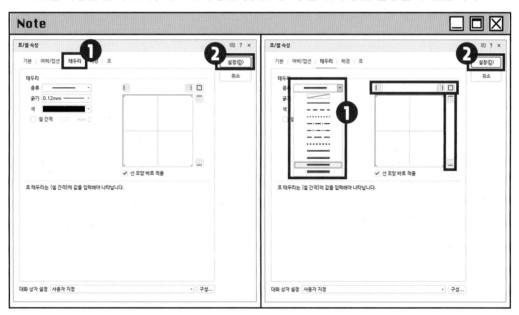

• 테두리의 속성을 변경할 때 네 면의 테두리를 모두 변경할 지, 좌·우측, 상·하측의 테두리 중 필요한 테두리만 변경할지 파란 상자 부분을 클릭하여 설정을 눌러주세요.

- 표/셀 속성에서 테두리 외에도 표의 배경색도 꾸며줄 수 있습니다. 표마당에서 불러올 수도 있지만 직접 설정하여 수정할 수 있습니다.
- 배경에서는 색 채우기 없음을 기본으로 면의 색이나 무늬에 색과 모양을 지정할 수 있고, 그라데이션 효과도 사용할 수 있습니다.

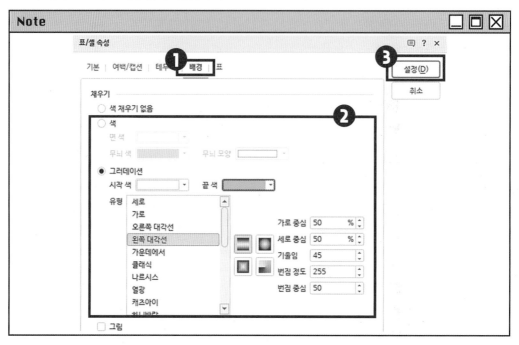

- 그라데이션을 설정할 때 직접 시작 색과 끝 색을 선택하여 어떻게 퍼져 나가는지 유형을 선택할 수 있습니다.
- 또한 세로, 가로, 오른쪽 대각선, 왼쪽 대각선, 가운데에서 직접 설정하는 것 외에 유형의 6번째 클래식부터 그 아래의 유형은 한글 프로그램에서 제공하는 그라데이션 유형이니 사용해 보셔도 좋겠습니다.

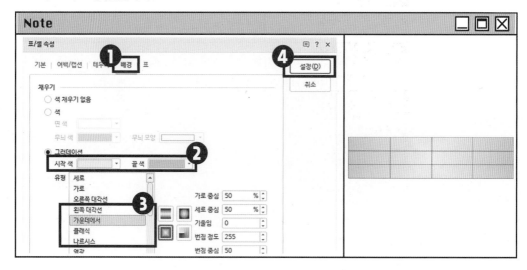

• 표안에 그림 배경을 넣고 싶은 경우, 표/셀 속성의 배경을 클릭한 후, 하단의 그림을 클릭해 주세요. 그림 채우기 유형에서 표에 어떻게 채울지 유형을 선택한 후, 설정을 누릅니다.

• 그림 파일의 우측에 폴더 모양의 아이콘을 클릭해 다음과 같이 그림 넣기 창이 뜨면 그림 파일을 저장한 폴더로 이동해 원하는 사진이나 그림을 클릭한 후, 아래의 열기 버튼을 눌러주세요. 그럼 오른쪽과 같이 표 안에 그림을 넣을 수 있습니다.

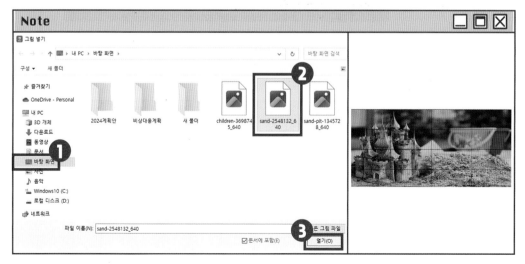

④ 한글 작업 내용 표로 변환하기

• 표를 먼저 만들고 내용을 삽입하는 방법도 있지만, 한글 작업을 하다가 표로 변환하는 방법도 있습니다.

• 우선 아래와 같이 한글로 작업을 한 내용을 구분할 수 있도록 단어 사이에 쉼표를 적은 후, 드래그를 합니다.

• 그 후 입력 메뉴의 표를 선택한 후, 표만들기 아래에 있는 문자열을 표로 변환하기 버튼을 클릭해 주세요.

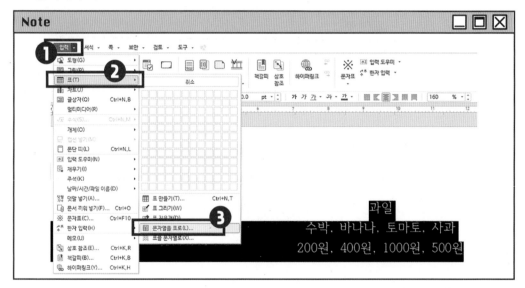

• 분리 방법 지점에서 쉼표를 선택하고 설정을 클릭하면 오른쪽과 같은 표가 자동으로 만들어 집니다.

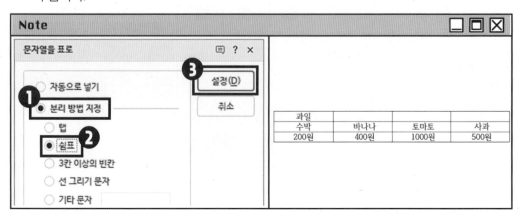

⑤ 표 내용 자동으로 채우기

- 표의 내용을 자동으로 채우는 기능에 대해서도 알아보겠습니다. 규칙이 있는 숫자나 월, 일 등의 경우, 쉽게 내용을 채울 수 있습니다.
- 표를 삽입한 후, 한글 프로그램에서 패턴을 이해할 수 있도록 내용을 최소 2회 기록 합니다. 번호의 1,2를 기록하여 나머지 칸을 채워보겠습니다.
- 일일이 숫자를 기입하지 않아도 자동으로 채워주는 기능입니다. 10칸 이내의 내용을 채울 때는 직접 입력해도 크게 번거롭지 않겠지만, 그 이상 많은 칸을 채워야 할 때 시간을 단축해 줄 수 있는 유용한 기능입니다.
- 1,2를 포함한 나머지 내용을 채울 행 또는 열의 영역을 드래그 하여 범위를 지정한 후, 마우스 우클릭을 합니다.
- 그 다음 메뉴 하단의 채우기를 선택한 후, 오른쪽의 표 자동 채우기를 클릭하면 나머지 칸이 2 이후의 숫자로 채워지는 것을 확인할 수 있습니다.

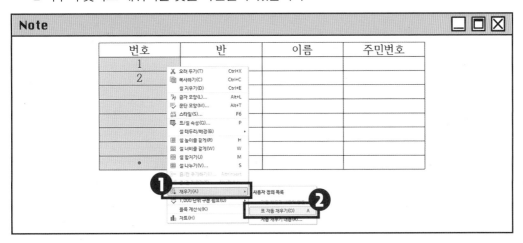

- 메뉴 하단의 채우기 - 표자동 채우기를 클릭하면 자동으로 숫자가 입력됩니다.
- 동일한 방법으로 요일이나, 월, 연도 등도 채울 수 있으니 많이 활용하시기 바랍니다.

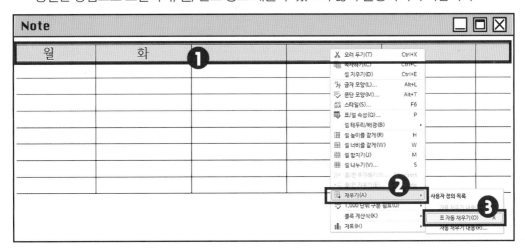

⑥ 표 정렬하기

- 표를 정렬하는 방법을 알아보겠습니다. 보통 엑셀 프로그램에서만 사용할 수 있다고 아는 분들이 많으신데요. 한글 프로그램에서도 쉽게 정렬을 할 수 있습니다.
- 내용이 적을 때에는 수작업으로 할 수 있겠지만, 10개 이상이 될 경우, 하나하나 확인하여 고치는 것도 번거롭고 실수가 있을 확률이 높을 수 있으므로 표 정렬 기능을 사용하시기를 바랍니다.
- 우선 정렬할 범위를 드래그하여 지정합니다.
- 그 다음 기본 메뉴 상단에 새로 생긴 표 레이아웃 탭을 선택한 후, 메뉴 우측의 정렬 버튼을 클릭합니다.

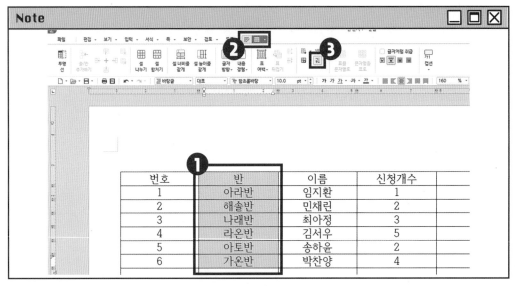

- 그럼 아래와 같이 정렬 창이 나타납니다. 필드 1의 형식을 글자(가나다)로 선택한 후, 실행을 누르면 반명이 가나다 순으로 자동 재정렬 되는 것을 볼 수 있습니다.

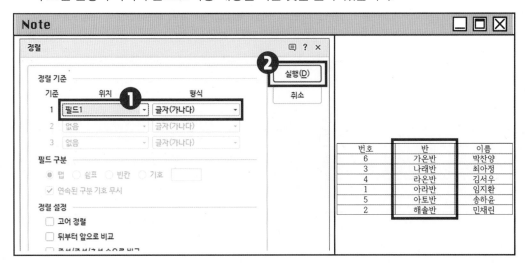

- 정렬 메뉴에서 기준의 1영역은 필드1을 선택하여 형식을 숫자(012)로 지정합니다.
- 우측의 설정 버튼을 누르면 지정한 형식에 맞게 표의 내용이 정렬됩니다.

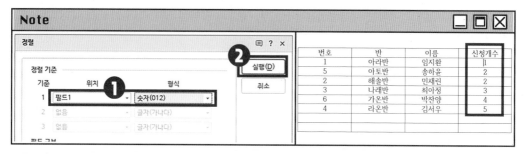

차트 만들기

만족도 조사서 등 결과를 취합하여 차트로 나타내야 할 때 사용할 수 있는 기능입니다. 문서 작업을 하다보면 차트로 결과값을 나타내야 하는 경우가 있습니다. 기본 메뉴의 입력에서 차트를 선택해 여러 가지 형식을 불러올 수 있습니다.

① 차트 불러오기

- 입력의 차트를 선택하면 가로, 세로 막대형, 꺾은선/영역형 등 다양한 형식의 차트를 확인할 수 있습니다.
- 그 중 내가 작업한 결과값을 나타내기에 적합한 차트를 선택하여 빈 페이지에 차트를 불러옵니다.

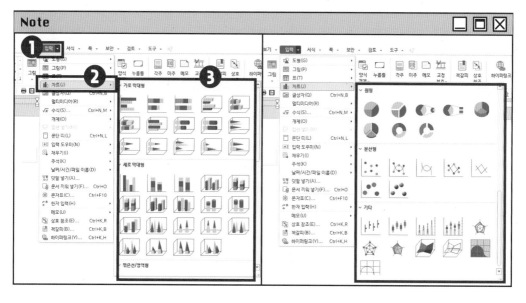

② 데이터 편집하기

- 원하는 형식을 불러온 후, 차트를 우클릭하여 차트 데이터 편집이라는 버튼을 클릭해 주세요.
- 차트에 나타내고자 하는 내용을 정리하신 후, 계열과 항목을 구분하여 문구를 작성합니다.
- 각 내용에 결과값을 작성하면 차트가 완성됩니다.

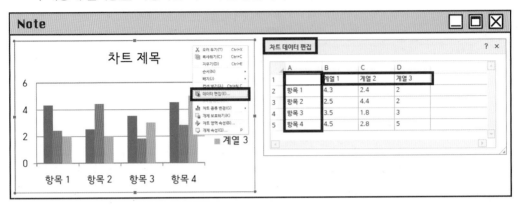

- 작업을 하던 차트를 클릭하면 상단의 기본 메뉴에 차트를 편집할 수 있는 탭이 추가로 나타납니다.
- 차트의 종류를 다시 변경하거나, 구성을 추가할 수 있습니다.
- 그 밖에도 레이아웃 설정, 계열색 바꾸기 등도 쉽게 편집할 수 있습니다.
- 아래의 내용은 위에서 설명한 메뉴의 기능을 간략히 살펴본 것입니다.

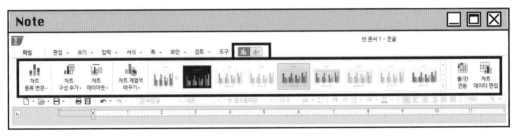

- 오른쪽의 줄/칸 전환 메뉴를 클릭하면 항목과 계열의 위치가 자동으로 전환되는 점도 알아두세요!

• 메뉴의 차트 구성 추가, 계열색 바꾸기, 레이아웃 등도 세부 설정이 아래와 같이 가능합니다.

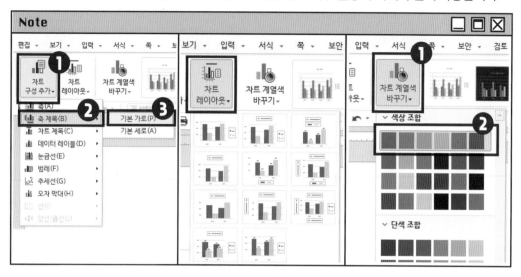

③ 결과값 차트로 변환하기

• 결과를 차트로 바로 변환하는 방법을 알아보겠습니다.

• 우선 표로 작성된 내용을 드래그 합니다.

• 마우스 우클릭하여 하단의 차트, 원하는 형태의 차트를 클릭합니다.

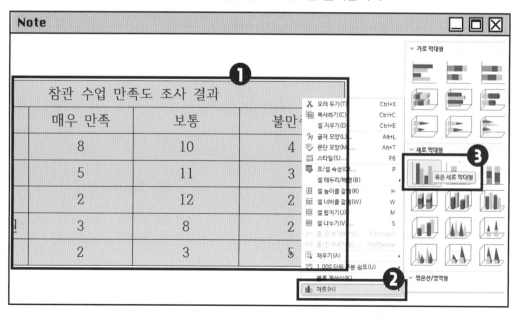

한글 활용편

• 클릭을 하면 다음과 같이 데이터 편집 창이 뜨게 됩니다. 필요한 데이터 내용을 추가하거나 수정하면 바로 차트에 반영이 됩니다.

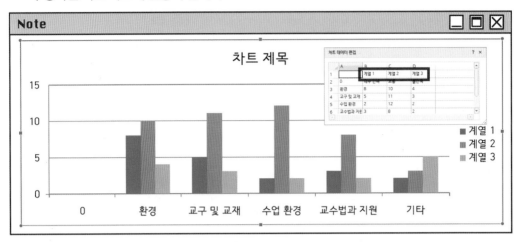

④ 차트 꾸미기

• 기본적인 내용을 수정한 후, 차트를 클릭한 상태에서 마우스 우클릭을 합니다.
• 우측에 새로 생긴 개체 속성 메뉴의 차트 영역 속성을 열어 차트의 배경이나 글자 등 세부 사항을 편집할 수 있습니다.

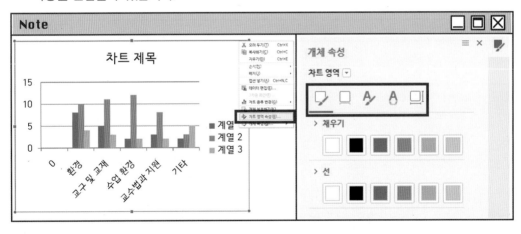

- 차트의 영역 메뉴 안에 다양한 꾸미기 기능이 있으니, 차트의 주제 및 성격에 맞게 수정해 보시길 바랍니다.

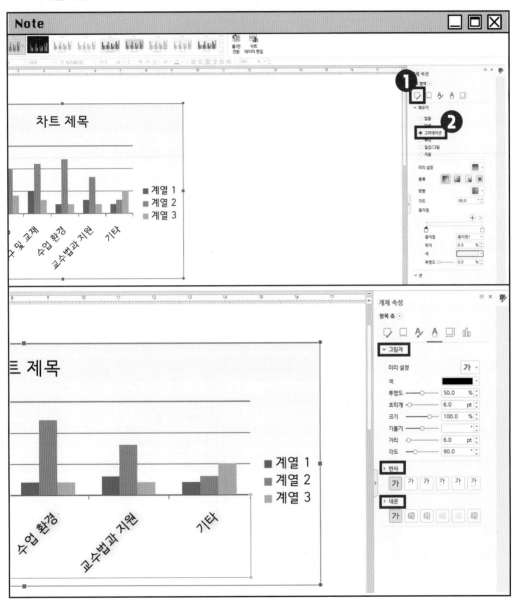

그 밖의 기능

지금까지 한글 프로그램의 기본적인 기능을 살펴보았습니다. 그 외에도 다양한 기능이 있으니 간단히 살펴보겠습니다.

① 글맵시 기능

- 폰트를 다운 받거나 이외의 프로그램을 사용하여 글자 모양을 꾸밀 수 있지만 한글 프로그램에서도 다양한 모양의 글맵시를 제공하고 있어 간단하게 불러와 사용할 수 있습니다.
- 기본 메뉴의 글맵시의 아래 꺽새를 선택하면 다양한 형태의 예시를 살펴볼 수 있습니다.
- 원하는 디자인의 글맵시를 선택하면 오른쪽과 같은 창이 나타납니다.
- 필요한 문구를 입력하고 글맵시의 모양이나 글꼴, 줄과 글자의 간격 등을 조정한 후, 설정을 클릭하면 문서 페이지에 내가 설정한 디자인의 글맵시가 삽입됩니다.

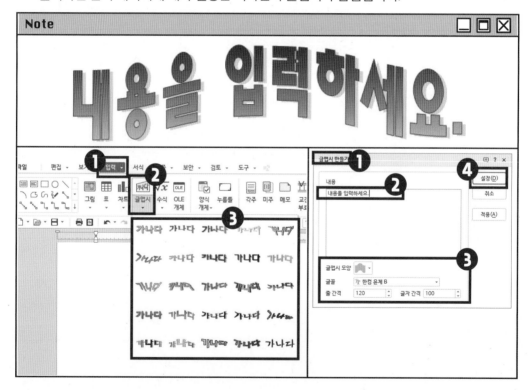

• 만들어진 글맵시 문구를 클릭한 후, 마우스 우클릭하여 개체 속성을 누르면 색이나 글꼴, 모양, 그림자 위치 등 세부 사항을 다시 수정하거나 변경할 수 있습니다.

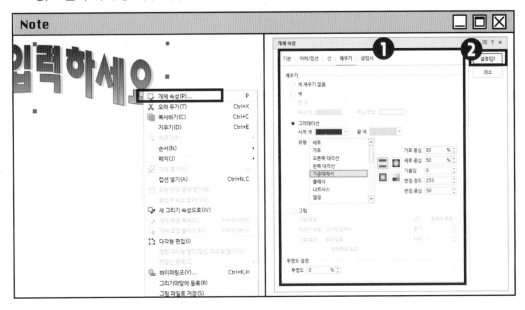

② 양식 개체 메뉴

• 기본 메뉴의 입력 탭에는 그림, 표, 차트, 글맵시, 수식, OLE개체, 양식개체, 누름틀, 각주와 미주, 메모, 교정부호 등 다양한 기능을 포함하고 있습니다.

• 그 중 양식 개체에 대해 간단히 살펴보겠습니다. 양식 개체 메뉴에서는 명령 버튼 외에 여러 종류의 개체를 제공하고 있는데, 보통 기관에서는 선택 상자를 자주 사용합니다.

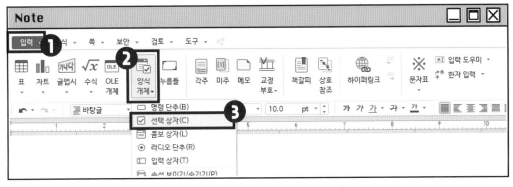

• 선택 상자를 클릭하면 아래와 같이 개체가 생성되고, 텍스트를 수정하면 됩니다. 사용자는 선택 상자의 왼쪽 상자를 클릭하여 표시하면 됩니다. 웹문서로 주고 받는 경우 자주 사용하는 기능이니 참고하시기 바랍니다.

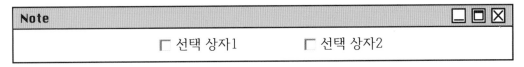

③ 누름틀 기능

기본 메뉴에서 입력 탭의 누름틀을 선택하면 아래와 같은 내용이 자동으로 입력되어, 사용자가 마우스로 클릭해 내용을 입력할 수 있습니다.

- 위에서 설명했던 선택 상자와 함께 자주 사용하는 기능입니다.
- 공기관에서 문서 서식을 작업할 때 자주 사용하기도 합니다.

④ 각주 기능

- 다음은 각주 기능입니다. 공모전이나 학회에 서류를 제출할 때 출처, 혹은 세부 설명이 필요한 경우 각주를 사용합니다.
- 각주를 클릭하여 내용을 작성하게 되면 내용 중간에 세부 사항을 기록하여 문맥의 흐름이 끊기지 않고 문서를 보는 이가 정리된 내용을 더 쉽게 이해할 수 있습니다.

- 아래의 그림은 각주를 사용하여 문서의 아래에 세부 내용에 대해 기록할 수 있도록 설정한 화면의 예시입니다.

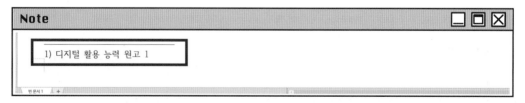

- 각주를 클릭하게 되면 위의 메뉴가 주석 메뉴로 변환되어 주석의 세부 사항을 수정할 수 있습니다.

• 메뉴 왼쪽의 각주/미주 모양을 클릭하여 좀 더 구체적으로 설정할 수 있습니다.

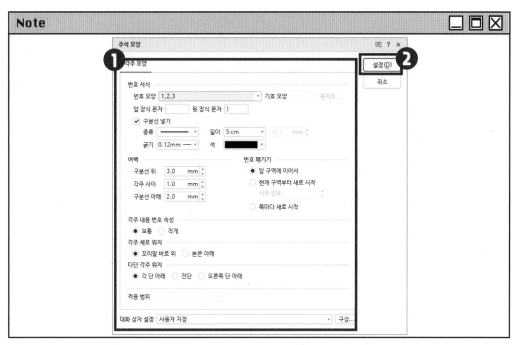

• 각주를 삭제할 때에는 각주 부분에 마우스를 갖다 대고 클릭하여 주석 메뉴를 생성한 후 중간의 왼쪽 부분에 있는 주석지우기 메뉴를 클릭하여 가져다 둔 후, 지우면 됩니다.

• 각주로 작성한 문구를 드래그 한 채 메뉴바로 이동합니다.
• 바탕글로 설정되었던 스타일 메뉴 우측의 아래 꺽새를 눌러 각주를 선택합니다.

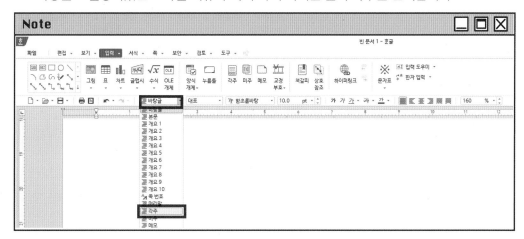

• 각주의 폰트와 글자 크기, 세부 사항 등을 조절할 수 있습니다.

⑤ 교정 부호 기능

입력 메뉴의 교정 부호 기능입니다. 한글을 배우는 유아들과 디지털 활용 수업을 하는 기관이 점차 늘어나는 추세입니다. 한글로 타자를 치는 유아들의 글을 교정해 줄 때 사용할 수 있는 방법이니, 참고해 주세요. 또한 타인의 서류를 검토하는 경우 맞춤법 등을 교정하여 줄 때에 간결하고 보기 좋게 사용할 수 있습니다.

• 예시문을 적어 보았습니다. 띄어쓰기와 오타가 있는 문장입니다.

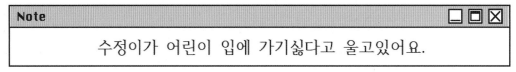

• 위의 문장을 수정한다고 가정해 보겠습니다.
• 입이라는 글자는 집으로 바꾸어야 하고, 가기와 싫다고의 사이는 띄어써야 합니다.
◦ 그리고 어린이집은 한 단어로 써주어야 하겠지요. 수정이 필요한 글자의 뒤에 커서를 두고 교정 부호를 클릭하면 문장 안에 선택한 교정 부호가 글 안에 삽입이 됩니다.

- 붙여 쓰기의 경우, 해당 붙여 쓰고자 하는 부분을 드래그 해야 선택이 가능합니다.

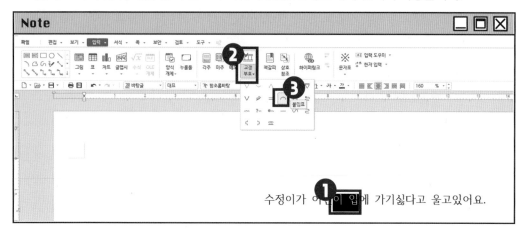

- 글자를 고쳐야 하는 경우에도 해당 글자를 드래그 한 후, 입력 메뉴의 교정 부호를 클릭해 주세요.

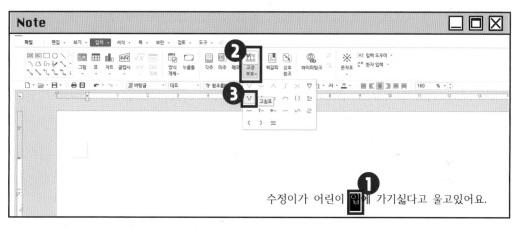

- 입이라는 글자를 집으로 바꾸기 위해 하단의 입력할 내용의 빈 공간에 집을 기입한 후, 넣기 를 넣어 수정합니다.

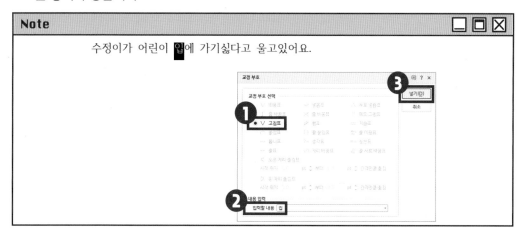

⑥ 상호 참조 기능

- 입력 메뉴의 상호 참조의 기능도 공공 기관, 지자체 등에 문서를 제출할 때 사용할 수 있는 기능입니다.

- 상호 참조를 클릭해 소메뉴 창을 연 후, 원하는 위치로 이동할 수 있도록 입력하면 됩니다.
- 파일 경로 오른쪽의 노란색 파일 모양의 아이콘을 눌러 PC에 저장되어 있는 다른 문서와 연결할 수 있습니다.

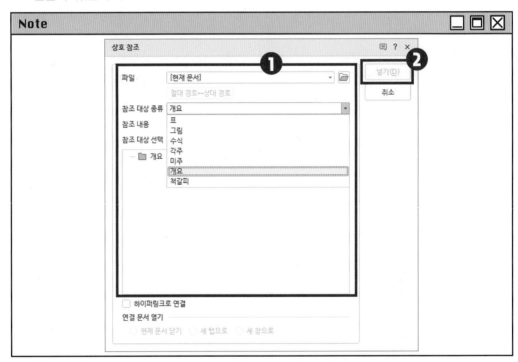

- 파일 외에도 작업하던 문서 내에 있는 표, 그림, 수식, 각주와 미주 등과 연결시킬 수도 있습니다.

문단 활용하기

글을 작성하다 보면 문단을 나누어야 할 때가 많습니다. 여러 개의 항목을 나열할 때 문단의 머리에 번호를 매기는 기능에 대해 알아보겠습니다.

① 문단의 머리에 번호 매기기

• 글을 작성한 후 마우스로 내용을 드래그 하여 범위를 지정합니다. 기본 메뉴의 서식탭을 클릭하여 문단 번호 모양을 선택합니다.

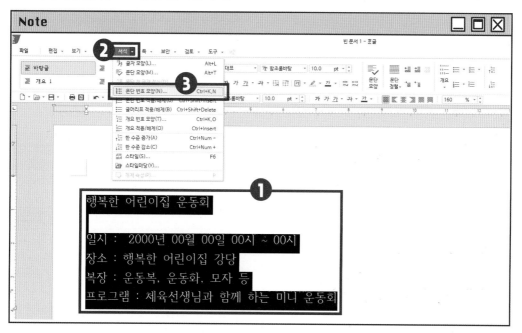

• 글머리표 및 문단 번호 메뉴 창에서 필요한 유형을 선택합니다. 가장 왼쪽의 글머리표는 간단한 기호로 문단을 구분할 수 있도록 설정해 줍니다.
• 글머리표 오른쪽의 문단 번호는 번호를 매겨 문단을 구분할 수 있도록 설정합니다.

- 글머리표의 모양을 선택하거나 오른쪽의 문단 번호 메뉴에서 번호를 매겨 문단을 구분할 수 있도록 설정합니다.

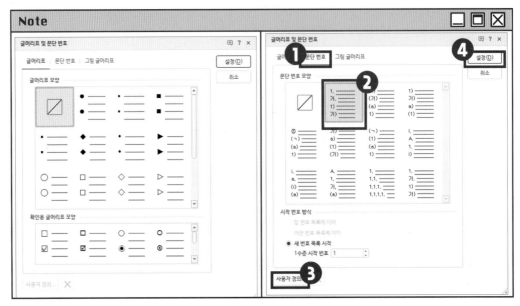

- 원하는 형식을 선택한 후, 하단의 사용자 정의를 눌러 각 수준을 클릭해 주세요. 중간의 너비조정의 숫자를 기입하여 들여쓰기를 설정할 수 있습니다.

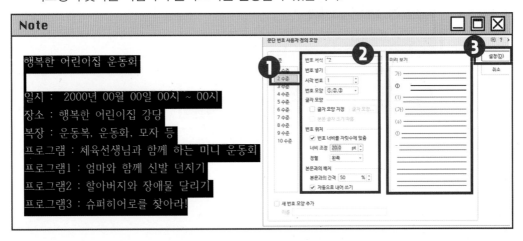

- 하위 수준으로 설정해야 하는 내용을 다시 한번 드래그 하여 범위를 지정합니다. 지정 후 기본 메뉴의 서식을 클릭하여 아래쪽의 한 수준 감소 버튼을 클릭하면 하위 수준으로 설정되어 번호 및 정렬, 들여쓰기 등 설정한 형식으로 변경됩니다.

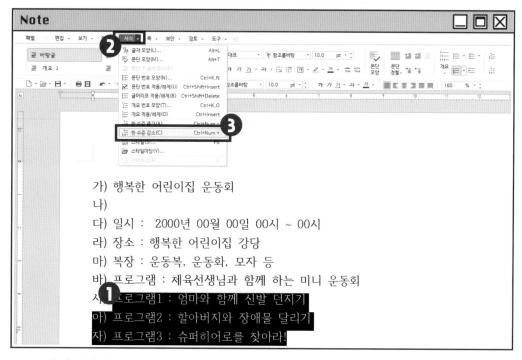

- 문단이 시작하는 부분을 들여쓰고 싶을 때, 혹은 세부 사항을 수정하고 싶을 때 필요한 부분을 드래그 한 다음 마우스 우클릭을 한 후, 글머리표 및 문단 번호를 선택합니다.

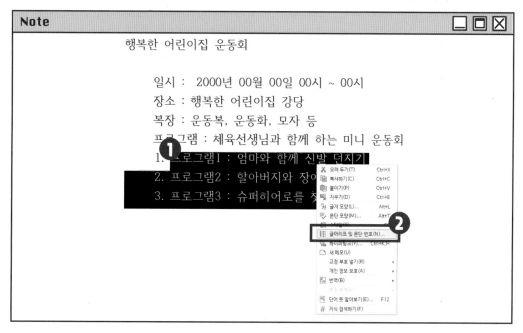

- 글머리표 및 문단번호 창 하단의 사용자 정의를 선택하면 우측과 같은 내용이 나오게 됩니다. 2수준을 선택하고, 번호 서식 및 넣기, 시작 번호, 번호 모양 등을 설정해 주세요. 설정한 부분이 잘 반영되었는지 우측의 미리보기 내용을 통해 사전에 확인할 수 있습니다.

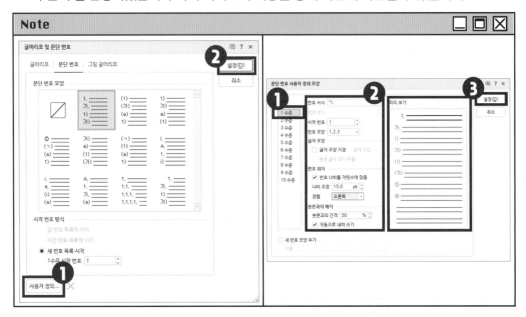

② 문단의 머리에 그림 넣기

- 숫자나 한글이 아닌 그림으로 문단을 표시하고 싶다면 글머리표 및 문단번호의 세 번째 소 메뉴인 그림 글머리표를 사용할 수 있습니다. 우선 변경하고 싶은 내용을 드래그 한 다음 마우스 우클릭-글머리표 및 문단번호를 선택해 주세요. 그림 글머리표 메뉴 안에서 원하는 그림 형태를 클릭하면 번호가 한글 기호가 아닌 그림을 넣어 문단을 완성할 수도 있습니다.

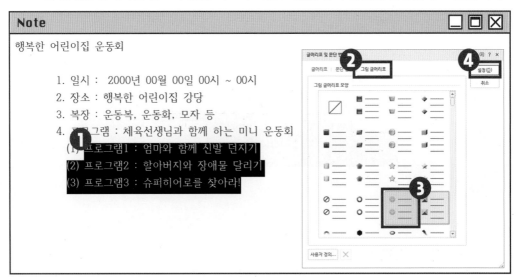

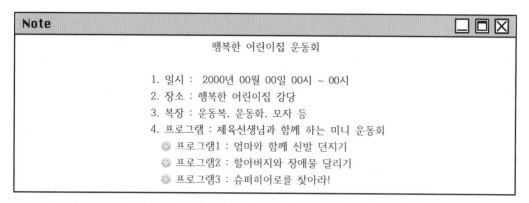

• 프로그램 1~3의 내용앞에 스마일 모양의 그림이 삽입된 것을 확인할 수 있습니다.

③ 들여쓰기

• 들여쓰기를 하는 다른 방법은 눈금자의 위치를 조정하는 것입니다. 들여쓰기를 원하는 범위를 드래그하여 지정합니다.

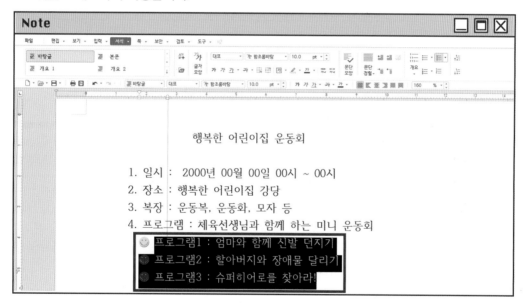

- 드래그한 후, 메뉴 하단의 눈금자를 오른쪽으로 드래그하여 여백을 조절합니다.

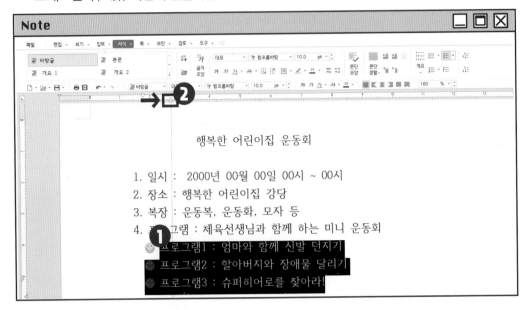

그림 삽입과 글상자 사용하기

가정에 안내하는 내용을 문서로 만들 때 자주 사용하는 기능을 알아보겠습니다. 바로 그림 삽입과 글상자입니다.

① 글상자 입력하기

- 기본 메뉴의 입력 버튼을 누르면 가장 상단에 도형이 보입니다. 도형의 오른쪽 소메뉴의 그리기 개체 중 1, 2번째의 개체가 글상자입니다. 글상자를 클릭해 그려보겠습니다.

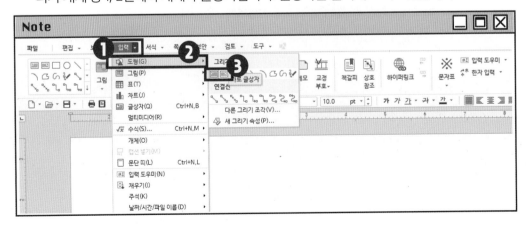

• 기본 메뉴에서도 빠르게 선택할 수 있으니 참고해 주세요.

② 글상자 꾸미기

• 그려진 글상자 안에 필요한 문구를 기입한 후, 더블 클릭을 하거나 마우스 우클릭을 하여 개체 속성 메뉴를 열어줍니다.

• 개체 속성 메뉴의 기본탭에서 글자처럼 취급을 선택한 후, 선 탭으로 이동해 선의 색과 종류, 끝모양, 굵기 등을 선택하여 설정을 클릭합니다.

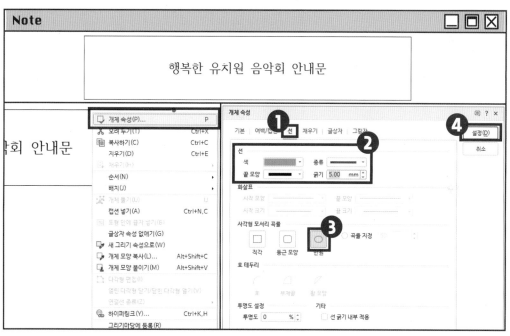

• 아래의 그림과 같이 글상자의 모양이 변경된 것을 확인할 수 있습니다.

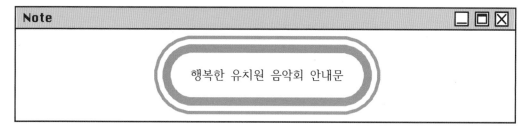

③ 글상자 안에 내용 입력하고 그림 넣기

• 안내문 하단에 행사 정보에 대한 내용을 기입하고 그림을 삽입해 보겠습니다. 그림을 삽입하는 기능도 잘 기억해 활용해 보시기 바랍니다.

• 우선 입력에서 도형을 선택하여 삽입한 후, 마우스 우클릭을 해서 도형 안에 글자 넣기를 선택해 내용을 입력합니다.

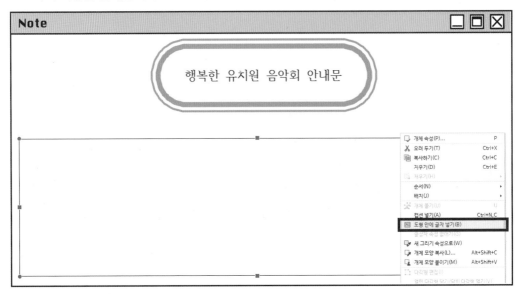

• 도형 안에 텍스트의 내용이 잘 삽입되었는지 확인합니다.

• 그 다음 입력메뉴의 그림을 선택해 내 PC에 저장되어 있는 그림을 불러옵니다.

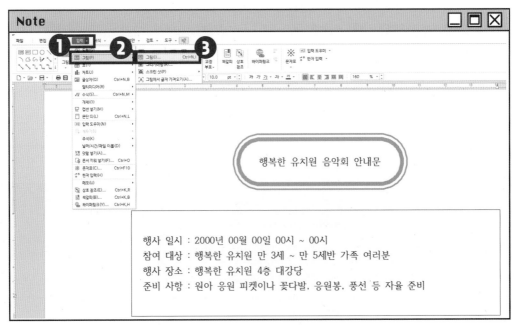

- 그림 넣기 창에서 내 PC에 저장한 그림을 선택합니다. (다른 사이트에서 복사한 그림을 붙여넣기 할 수도 있습니다. 이 때에는 저작권에 항상 유의해야 합니다)
- 이 때에 하단의 내용을 잘 확인합니다. 문서에 포함이 선택되어 있어야 다른 PC에서 파일 열 때 그림이 함께 나타납니다.

- 열기 버튼을 누르면 십자가 표시가 나타나게 됩니다. 원하는 위치에 십자가를 둔 후, 드래그 하여 크기를 설정합니다.
- 그림을 불러오면 아래의 그림과 같이 나타나게 됩니다.

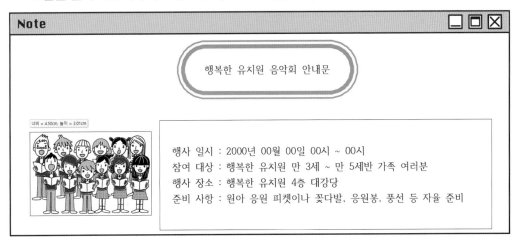

한글 활용편

• 그림을 더블 클릭하여 개체 속성 메뉴를 열어 그림의 형태를 조정할 수 있습니다.

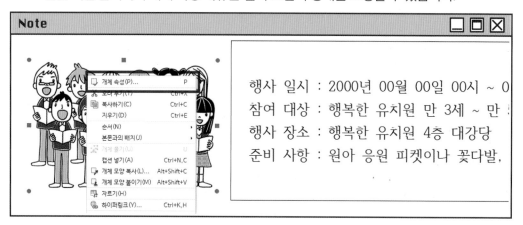

🔍 페이지 하단에 쪽수 넣기 및 기타 기능

① 쪽수 입력하기

여러 장의 문서를 작업할 때 페이지 표시가 되어 있지 않으면 정리도 어려울 뿐 아니라 필요한 내용을 찾아보기 어렵습니다. 쪽수를 표시하는 방법을 알아보겠습니다.

• 기본 메뉴의 쪽 탭을 클릭하여 쪽 번호 매기기를 클릭합니다.

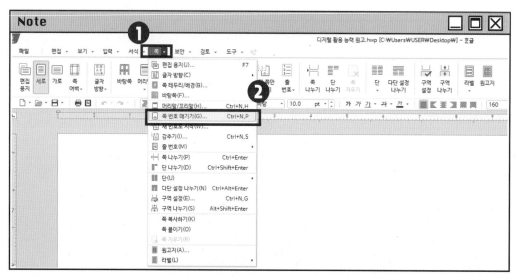

CHAPTER.1 | 한글 활용편

- 쪽 번호 매기기 탭의 내용을 살펴본 후, 번호 위치 및 모양, 시작 번호등을 선택해 우측 넣기 버튼을 클릭하면 됩니다. 간단한 기능이지만 문서를 사용하는 사람에게는 유용한 기능이므로 최소 3장 이상의 문서를 작업할 때에는 반드시 쪽 번호 매기기 기능을 사용하시기 바랍니다.

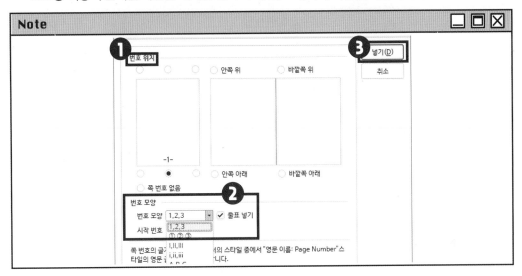

- 아래와 같이 페이지의 하단에 설정한 쪽수가 나타난 것을 확인할 수 있습니다.

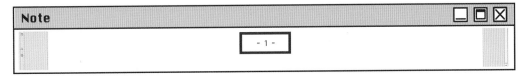

② 하이퍼링크 넣기

보통 웹페이지로 이동할 수 있도록 설정하는 기능으로 많이 활용합니다. 한글 문서를 작업하다가 특정 사이트, 링크를 안내하고 싶은 경우에 사용할 수 있습니다.

- 해당하는 문구를 드래그 하여 범위 지정을 해주세요. 그 후 기본 메뉴의 입력-하이퍼링크를 클릭한 후, 해당 주소를 기입하면 됩니다.

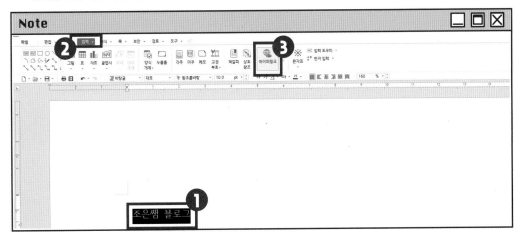

· 한글 활용편 ·

• 하이퍼링크를 클릭하면 다음과 같은 창이 나타납니다. 웹 주소에 연결하고 싶은 사이트 주소를 입력한 후, 넣기를 클릭합니다.

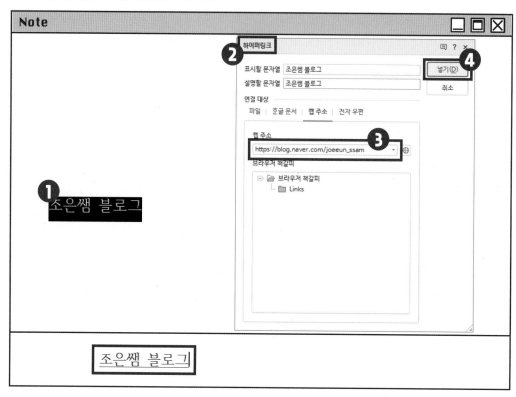

맞춤법 검사하기

글을 작성하고 난 후, 맞춤법 검사는 필수입니다! 공공기관이나 지자체에 제출하는 공식적인 문서가 아니더라도 기관에서 보관하는 문서의 맞춤법을 검사하는 습관을 들이시면 좋겠습니다. 검사를 하고자 하는 곳에 커서를 위치하고 기본 메뉴의 도구-맞춤법 검사를 클릭합니다.

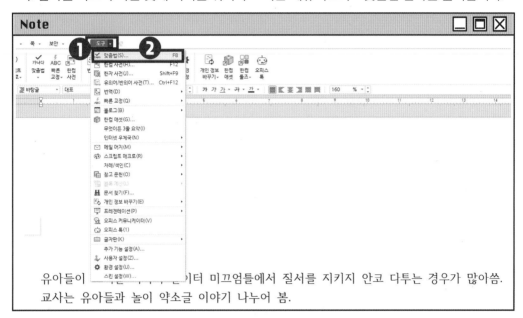

• 맞춤법 검사/교정 창이 뜨면 오른쪽의 시작 버튼을 눌러주세요.

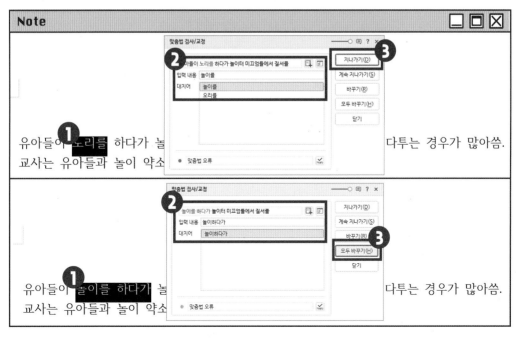

한글
활
용
편

- 맞춤법 검사/교정 탭에서 교정할 부분이라면 가운데의 바꾸기 버튼을 눌러주고, 문서 내의 모든 단어를 동일하게 바꾸어야 한다면 한칸 아래의 모두 바꾸기를 클릭합니다. 교정하지 않아도 되는 단어라면 지나가기/계속 지나가기를 클릭하면 됩니다.

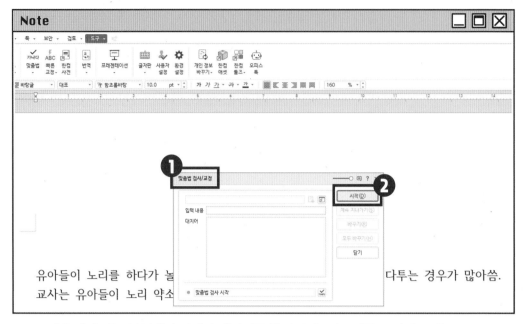

- 교정을 해야 하는 부분에서 아래의 대치어를 확인한 후, 바꾸기를 클릭해 주세요.
- 교정을 하지 않아도 되는 부분은 지나가기를 눌러주세요.
- 같은 부분을 교정해야 할 때에는 모두 바꾸기를 눌러주세요.

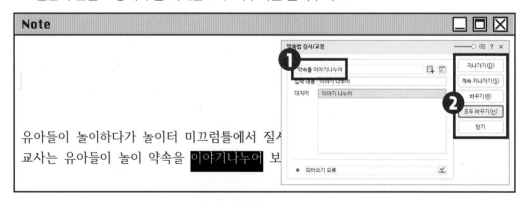

워터마크 삽입하기

기관의 문서 혹은 개인이 작업하는 문서를 제출하거나 공유할 때 워터마크를 삽입하기를 바랍니다. 실제 많은 문서와 자료를 작업하는 저 역시 번거롭다는 이유로 워터마크를 사용하지 않았었는데요. 제가 손수 만든 정성 가득한 자료가 마치 다른 사람이 한 것처럼 떠돌아다니는 것을 보고 정말 당황하고 불편했던 적이 있었답니다.

• 자신이 만든 작업물에 워터마크를 삽입하는 과정을 이번 기회에 꼭 익혀두시기 바랍니다.
• 우선 파일 메뉴에서 인쇄를 클릭합니다.

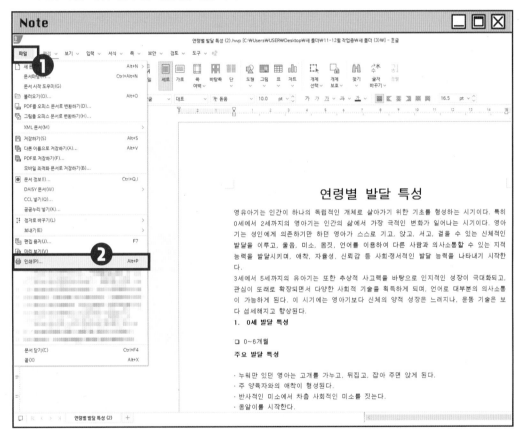

- 인쇄 메뉴에는 기본/확장/워터마크가 있습니다.
- 이 중 워터마크를 선택한 후, 중간의 글자 워터마크(그림 워터마크도 가능하나 많이 사용하지는 않습니다)를 선택합니다.
- 워터마크로 삽입할 문구를 입력하고, 글자와 글꼴, 크기, 색 등을 조정합니다.
- 문서의 내용이 잘 보일 수 있도록 보통 투명도는 65% 정도를 사용하는 것을 권장합니다.
- 우측의 그림과 같이 문서의 글자 위에 연한 파랑색의 워터마크 [즐거운 초등학교] 글자가 삽입되었습니다.

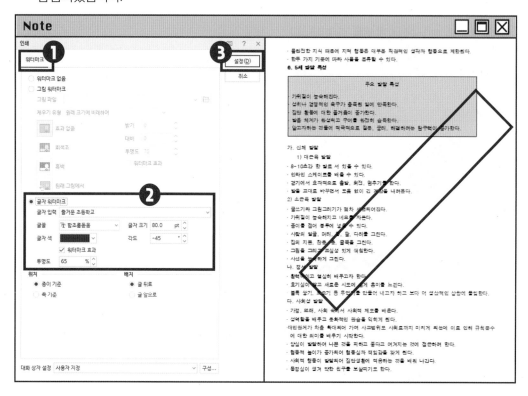

라벨지 편집하기

가정에 우편물을 보내거나 외부의 여러 기관에 문서를 제출하는 경우, 연하장이나 명절 카드
등을 발송할 경우, 라벨지를 사용하는 경우가 있습니다. 라벨의 각 칸 안에 정확하게 내용이 들
어가는 것을 어려워 하시는 분들이 계셔서 알려드리려고 합니다.

• 기본 메뉴의 쪽 탭을 열어주신 후, 가장 하단의 라벨-라벨문서 만들기를 클릭하세요.

• 그 다음 내가 사용하고자 하는 라벨지 회사의 이름을 선택한 후, 해당 칸수를 선택해 열기를
클릭합니다.

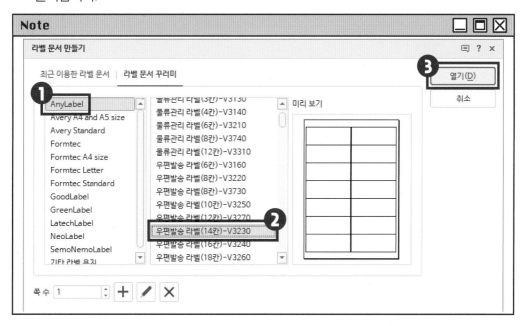

• 아래와 같이 라벨지 규격으로 문서 페이지가 세팅된 것을 확인할 수 있습니다.

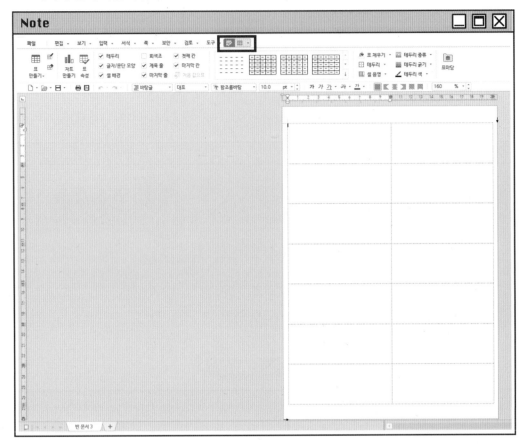

문서마당 활용하기

- 한글 편 마지막 추천 기능입니다. 기관에서 많은 문서 양식을 사용하게 되는데, 간혹 참고할 만한 기존 자료가 없거나, 서식을 구하기 어려워 애를 먹는 경우가 있습니다. 이럴 때에는 한글 프로그램에서 제공하는 문서 서식을 활용해 작업을 해보시기 바랍니다.
- 파일 메뉴의 두 번째 줄에 위치한 문서마당을 클릭합니다.

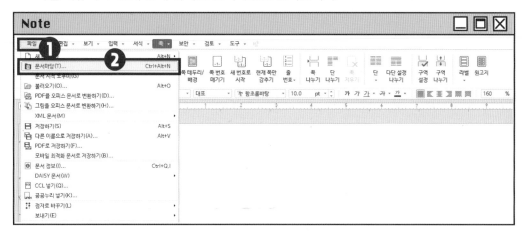

- 문서마당 꾸러미에서 필요한 서식을 찾은 후, 열기를 눌러 페이지로 서식을 불러와 작업을 합니다.

그 외 다양한 기능과 샘플 예제는 조은쌤유튜브의 영상으로 업로드 될 예정입니다.

네이버 지혜쌤 카페의 [디지털활용능력 구매 후기] 게시판에 후기를 작성해 주시는 경우, 영상과 예제 파일을 함께 보내드릴 예정이니 많은 관심 부탁드립니다.

한글 꿀팁1. 필요한 페이지만 용지 방향 바꾸기

보통 아래와 같이 한글 문서를 작업하다가 일부 페이지만 용지의 방향을 바꾸어야 할 때가 있기도 합니다. 예를 들어 2페이지의 방향을 가로로 바꾸고 싶다면 다음과 같은 방법으로 설정을 하면 됩니다.

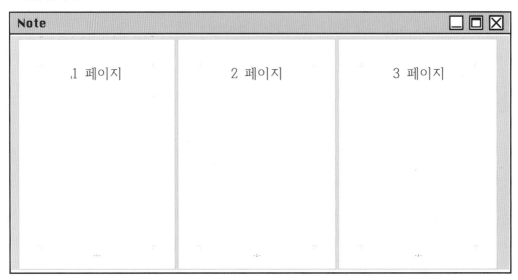

• 방향을 바꾸고 싶은 페이지의 앞쪽에서 파일의 편집용지를 선택합니다.

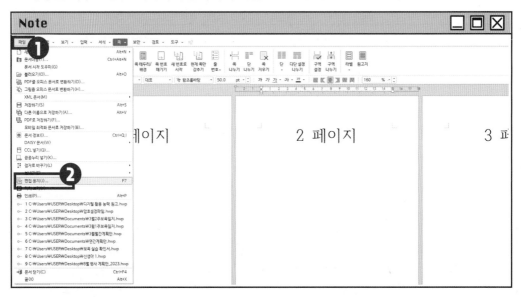

• 아래의 화면에서 용지 방향을 가로로 선택한 후, 하단의 적용 범위를 클릭하여 새 구역으로
  를 선택하고 설정 버튼을 누릅니다.

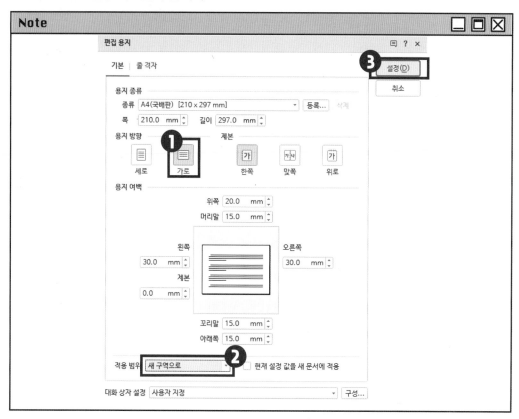

• 그럼 아래 화면과 같이 이후 페이지가 모두 가로로 변경되게 됩니다.

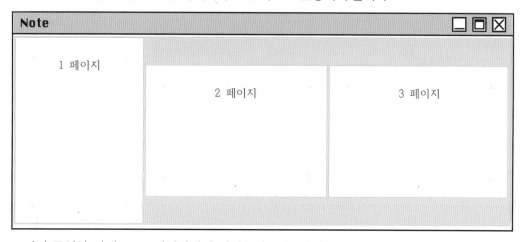

• 다시 동일한 과정으로 2페이지에서 편집용지 – 세로방향 – 새구역으로 – 설정을 선택하면 3페
  이지부터는 원래의 세로 방향 용지로 설정되는 것을 확인할 수 있습니다.
• 이러한 방식으로 원하는 페이지의 방향만 세로, 가로 방향으로 설정을 할 수 있습니다.

한글 꿀팁2. **원하는 글자체, 모양으로 복사하기**

한글 작업을 하다가 문서의 글자체와 모양으로 한번에 복사하는 방법입니다.

다른 문서 파일에서도 동일하게 적용하여 글자체와 모양을 복사할 수 있습니다.

• 왼쪽의 그림과 같이 한글을 입력한 후, 제목의 글자 모양을 복사하고 싶다면, 복사하고 싶은
제목 글자에 커서를 둔 후, Alt+C 를 눌러줍니다.

• 그 다음, 본문 모양 복사에서 글자 모양을 선택하고 복사 버튼을 눌러줍니다.

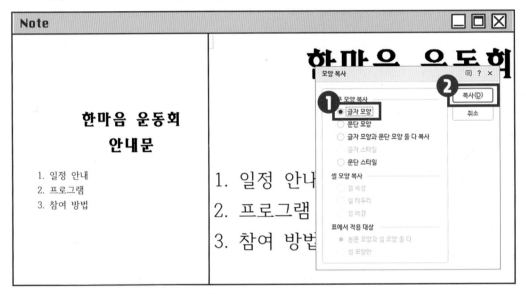

• 그리고 복사하고자 하는 텍스트로 이동해 드래그를 하여 블록을 설정한 다음 다시 한번
Alt+C 를 눌러주면 그대로 복사되는 것을 확인할 수 있습니다.

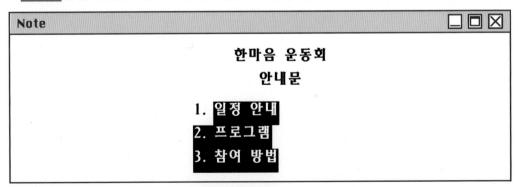

한글 꿀팁3. 편집 나누기 활용하기

많은 페이지의 문서를 작업할 때에 두 개의 문서로 저장해서 각각의 창을 열어서 비교하며 작업을 하는 경우가 있습니다. 혹은 출력을 해서 일일이 비교하며 작업을 하기도 합니다.

그렇게 하기 보다는 화면을 나누어 편집을 진행하는 방법을 선택하면 좀 더 수월하게 작업할 수 있습니다.

• 메뉴 창의 보기에서 편집 화면 나누기 - 세로로 나누기를 선택합니다.

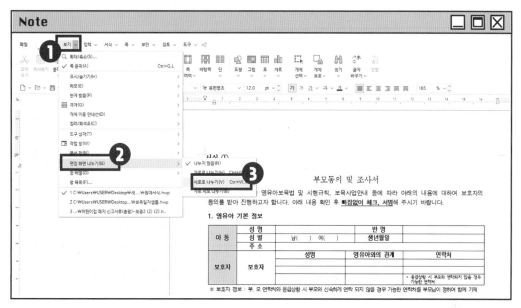

• 문서의 내용이 동일하게 두 개로 나뉘어 보여지게 되며 오른쪽 화면에서 수정을 하면 왼쪽의 내용에도 반영되어 편집 작업을 보다 용이하게 할 수 있습니다. 운영안내서, 프로그램 소개, 기관 운영 문서 등 목차를 포함한 다수의 페이지 문서를 작업할 때 사용해 보시기 바랍니다.

한글 활용편

한글 꿀팁4. 표가 있는 문서 페이지에서 표 작업하기

표를 작업하다가 다음 페이지로 표가 넘어가지 않고 작업중인 페이지에서 머무는 경우, 다음 페이지로 이동하여 새로 표가 나타날 수 있도록 설정하는 방법입니다.

• 아래와 같은 화면이 보인다면, 표에서 마우스 우클릭을 하여 표/셀 속성을 열어줍니다.

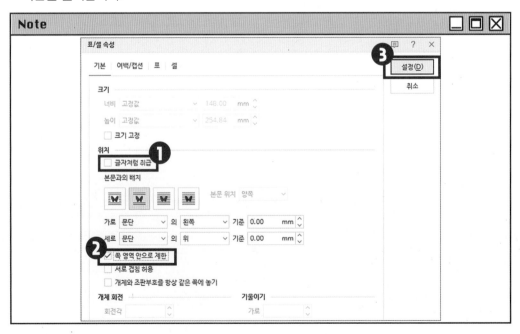

• 표/셀 속성 창에서 위치의 글자처럼 취급을 해제한 후, 쪽 영역 안으로 제한을 선택하여 설정 버튼을 눌러줍니다.

- 그럼 다음과 같이 표가 다음 페이지로 넘어간 것을 확인할 수 있습니다.
- 하지만 표의 행이 페이지 중간에서 잘렸다면(빨간 박스 참고) 다시 한번 표/셀 속성을 불러와 줍니다.

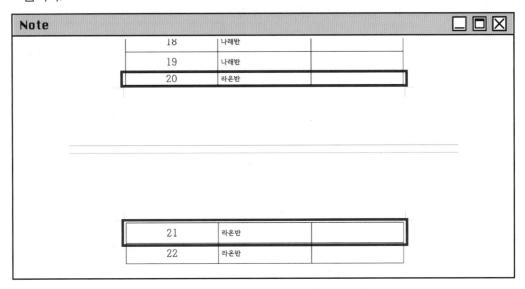

- 표/셀 속성의 표 카테고리에서 셀 단위로 나눔을 선택한 후, 설정을 눌러주세요.
- 표/셀 속성 창에서 표 카테고리로 이동해 여러 쪽 지원의 쪽 경계에서의 단계 중 셀 단위로 나눔을 선택하여 설정을 눌러주세요.

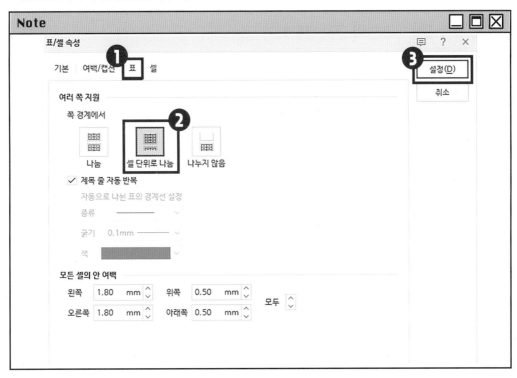

- 그럼 아래와 같이 표의 행이 잘리지 않고 다음 페이지에서 새로 행이 이어지는 것을 확인할 수 있습니다.

Note ☐ ☐ ☒

전체 학생 명단

연번	반명	학생명
1	아토반	
2	아토반	
3	아토반	
4	가온반	
5	가온반	
6	가온반	
7	가온반	
8	가온반	
9	아라반	
10	아라반	
11	아라반	
12	아라반	
13	아라반	
14	나래반	
15	나래반	
16	나래반	
17	나래반	
18	나래반	

19	나래반	
20	라온반	
21	라온반	
22	라온반	

한글 꿀팁5. 표안의 글자 정렬하기

한글 작업을 하다보면 표 작성을 자주 하게 됩니다. 표의 내용 안에 작성한 텍스트를 동일하게 정렬하고 싶을 때에는 스페이스바를 눌러 띄어쓰기를 할 수도 있지만, 보다 간단하게 할 수 있는 방법이 있습니다.

Note ☐ ☐ ☒

내　용

구분		
이름		
생년월일		
주소		
연락처		

• 표 안에서 정렬을 하고 싶은 창을 모두 드래그하여 선택한 후, **Ctrl+Shift+T** 를 눌러주세요. 그럼 오른쪽 그림과 같이 칸 안에 정렬된 텍스트를 확인할 수 있습니다.

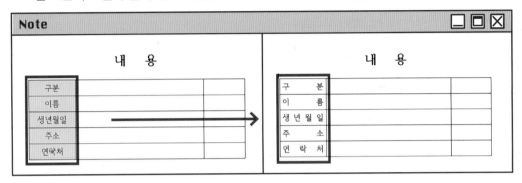

한글 꿀팁6. 한글 문서 단축키

기능	단축키
글자 키우기/ 줄이기	Ctrl +] (키우기) Ctrl + [(줄이기)
줄간격 내리기와 올리기	Alt + Shift + Z Alt + Shift + A
글자 굵기/ 기울이기/ 밑줄 긋기	Ctrl + B (bold) Ctrl + I (italic) Ctrl + U (underline)
글자 간격 넓히기/ 줄이기	Alt + Shift + W (wide) Alt + Shift + N (narrow)
글자 정렬	Ctrl + Shift + L (left) Ctrl + Shift + R (right) Ctrl + Shift + C (center)
글자, 문단 모양 복사하기	Alt + C
특수 문자 삽입하기	Ctrl + F10
자동 들여쓰기	Shift + Tab (원하는 기준 텍스트에 커서를 둔 후 실행)

한글 예제1. 안내자료 만들기

예제를 통해 안내자료를 만들어 보겠습니다.

• 우선 아래와 같이 제목과 세부 내용을 작성합니다.

Note   ▭ ▢ ☒

부모님과 함께 하는 미니 체육대회 안내문

안녕하세요, 000 어린이집입니다.
본 원에는 00월 00일 부모님과 함께 하는 미니 체육대회를 계획하고 있습니다.
가을이 막바지에 이르며 주변의 나무들이 옷을 갈아입고,
시원한 바람과 낮동안의 따사로운 햇빛은 우리를 행복하게 합니다.
더없이 행복한 가을날, 우리 가족과 함께 하는 체육대회는 00어린이집 친구들에게
그야말로 즐겁고 감사함이 가득한 행복한 추억이 될 것이라 생각합니다.

바쁘시더라도 귀한 시간 내 주시어, 우리 친구들과 좋은 시간 함께 했으면 하는 바램입니다.
본 안내문은 체육대회 운영 계획에 대한 개괄적인 내용입니다.
최종적으로 참여 가정이 확정이 된 후, 세부 사항에 대한 안내문이
별도로 전달 될 예정이니 참고 바랍니다.

1. 미니 체육대회 운영 계획
  일 시 :
  장 소 :
  참 고 : 빨강/파랑/노랑/초록 총 네 팀으로 구성하여 운영(추후 재 안내)
  준비물 : 점심시간에 함께 먹을 간식과 음료 등 (식사는 원에서 제공)
          기타 팀별 준비물 참고

2. 프로그램 및 내용

프로그램 명	비 고
장애물 넘기 릴레이	각 팀 만1,2세반 참여
미션! 00을 찾아라	각 팀 만 3-5세 참여
큰 공 굴리기	빨강 : 노랑/ 파랑 : 초록 대결

3. 기 타
  위의 사항을 포함하여 다채롭고 즐거운 행사와 프로그램을 준비중에 있으니, 많은 기대 부탁드립니다. 조부모님, 형제.자매 등이 함께 참여하는 경우 식사 준비를 위해 인원수를 기재해 주세요. 신청서에 작성한 내용이 변경되는 경우에는 반드시 3일 전에는 원으로 알려주시기 바랍니다.

───────────────── 신   청   서 ─────────────────
원아명 :   학부모명 :   (인)

미니 체육대회에 참여를 원합니다.	총 참여 인원수(원아 제외)
미니 체육대회에 참여가 어렵습니다.	
기타 건의 및 문의 사항이 있습니다.	

000 어린이집

- 입력 메뉴의 글맵시를 이용해 제목을 꾸며 줍니다.

- 글맵시 윤곽선, 채우기의 메뉴를 통해 색과 외곽선을 원하는 형식으로 변경합니다.

- 안내문에 삽입할 그림을 복사하여 가져옵니다.

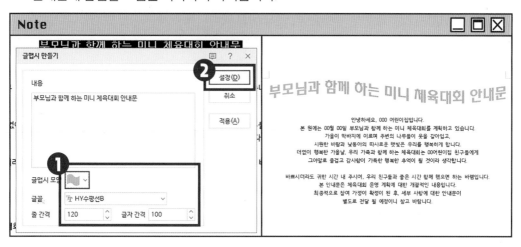

- 가지고 온 이미지에 그림 효과를 넣어 줍니다.

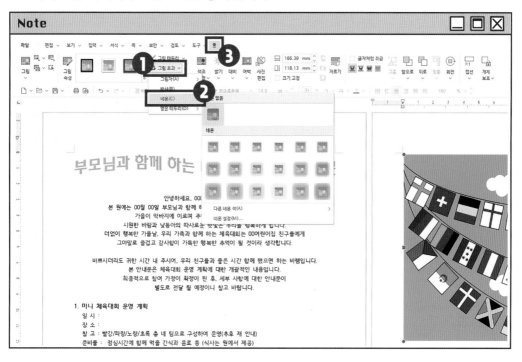

한글 활용편

- 이미지의 색이 너무 진하다면 입력 – 도형 – 사각형을 선택하여 투명도를 조정한 후, 덧대어 줍니다.
- 이미지와 도형을 개체 묶기 해 줍니다.
- 원하는 위치로 개체를 이동시켜 준 후, 글자 뒤로 나타나게 개체 속성을 변경합니다.

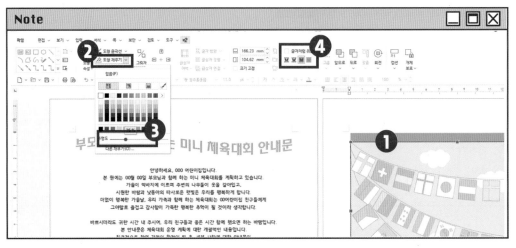

- 쪽 메뉴의 쪽 테두리/배경을 선택합니다.
- 배경 소메뉴에서 색을 지정하거나, PC에 저장된 그림(일러스트, 배경 등)을 열어 줍니다.

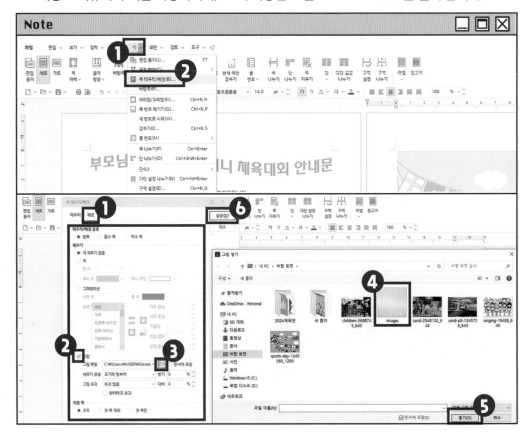

• 간단하게 아래와 같은 안내문이 완성되었습니다.

Note ▭ ▢ ☒

부모님과 함께 하는 미니 체육대회 안내문

안녕하세요. 000 어린이집입니다.
본 원에는 00월 00일 부모님과 함께 하는 미니 체육대회를 계획하고 있습니다.
가을이 막바지에 이르며 주변의 나무들이 옷을 갈아입고.
시원한 바람과 낮동아의 따사로운 햇빛은 우리를 행복하게 합니다.
더없이 행복한 가을날, 우리 가족과 함께 하는 체육대회는 00어린이집 친구들에게
그야말로 즐겁고 감사함이 가득한 행복한 추억이 될 것이라 생각합니다.

바쁘시더라도 귀한 시간 내 주시어, 우리 친구들과 좋은 시간 함께 했으면 하는 바램입니다.
본 안내문은 체육대회 운영 계획에 대한 개괄적인 내용입니다.
최종적으로 참여 가정이 확정이 된 후, 세부 사항에 대한 안내문이
별도로 전달 될 예정이니 참고 바랍니다.

1. 미니 체육대회 운영 계획
일 시 :
장 소 :
참 고 : 빨강/파랑/노랑/초록 총 네 팀으로 구성하여 운영(추후 재 안내)
준비물 : 점심시간에 함께 먹을 간식과 음료 등 (식사는 원에서 제공)
　　　　기타 팀별 준비물 참고

2. 프로그램 및 내용

프로그램 명	비 고
장애물 넘기 릴레이	각 팀 만1,2세반 참여
미션! 00을 찾아라	각 팀 만 3-5세 참여
큰 공 굴리기	빨강 : 노랑/ 파랑 : 초록 대결

3. 기 타
위의 사항을 포함하여 다채롭고 즐거운 행사와 프로그램을 준비중에 있으니, 많은 기대 부탁드립니다. 조부모님, 형제,자매 등이 함께 참여하는 경우 식사 준비를 위해 인원수를 기재해 주세요. 신청서에 작성한 내용이 변경되는 경우에는 반드시 3일 전에는 원으로 알려주시기 바랍니다.
ㅡㅡㅡㅡㅡㅡㅡㅡㅡㅡ 신　　　청　　　서 ㅡㅡㅡㅡㅡㅡㅡㅡㅡㅡ
원아명 :　　　　　　학부모명 :　　　　　　(인)

미니 체육대회에 참여를 원합니다.	총 참여 인원수(원아 제외)
미니 체육대회에 참여가 어렵습니다.	
기타 건의 및 문의 사항이 있습니다.	

한글 예제2. **이름표 만들기**

다음은 현장에서 자주 사용하는 이름표를 만들어 보겠습니다.

명찰표 안에 이름표를 인쇄해 넣어서 사용하는 경우, 명찰에 기재된 규격을 참고하여 만듭니다.

• 입력메뉴의 표 만들기를 선택하여 줍니다.

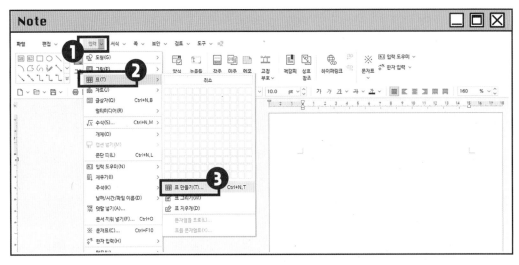

• 표 만들기 메뉴에서 크기 지정을 임의값으로 선택한 후, 원하는 수치를 입력하고 만들기 버튼을 눌러줍니다.

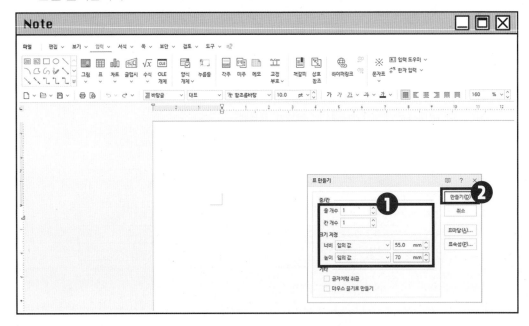

- 표/셀 속성에서 그림을 삽입하거나 색 등을 설정하여 배경을 만들어 줍니다.
- 필요한 경우, 기관의 로고나 캐릭터 등을 삽입하여 준 후, 개체 속성에서 글자 뒤로 가도록 설정합니다.

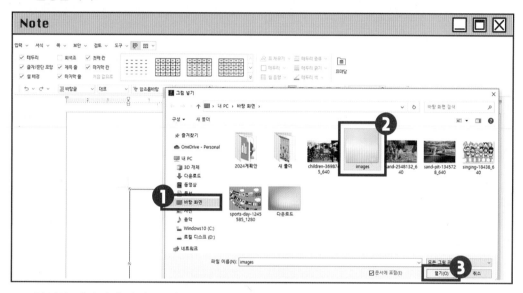

- 삽입한 이미지의 위치, 크기 등을 조절하여 배치합니다.
- 이름, 소속, 기관명 등을 입력한 후 글자의 위치, 크기, 색 등을 설정합니다.

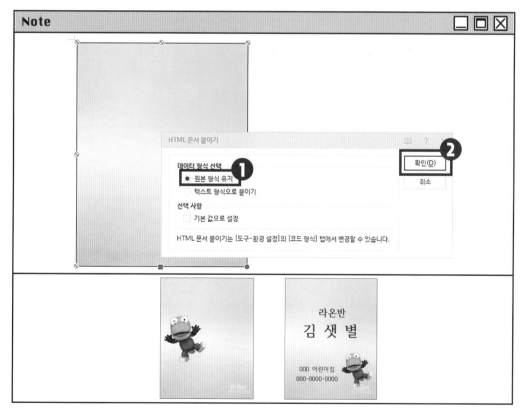

- 다음 페이지에 이름표의 크기를 고려하여 표를 하나 더 만들어 줍니다.
- 작업한 명찰이 8개가 들어갈 수 있어, 총 8칸의 표를 삽입하였습니다.

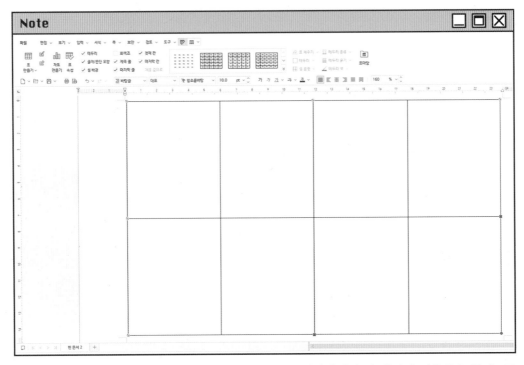

- 표를 드래그 한 후, 마우스 우클릭을 하고 셀 테두리/배경에서 각 셀마다 적용을 누른 후, 모든 테두리의 종류를 없음으로 선택합니다.

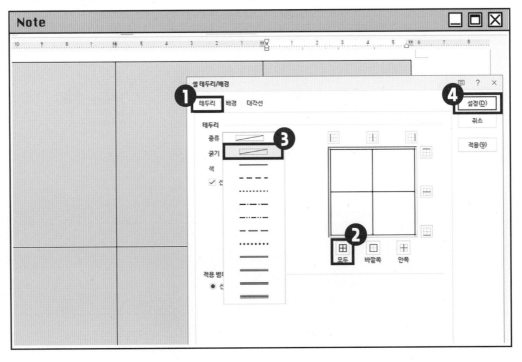

- 앞 페이지에서 작업한 이름표를 복사한 후, 방금 작업한 8칸의 표의 맨 첫 번째 칸에 붙여 넣기를 합니다.
- 이 때에 셀 안에 표로 넣기를 선택합니다.

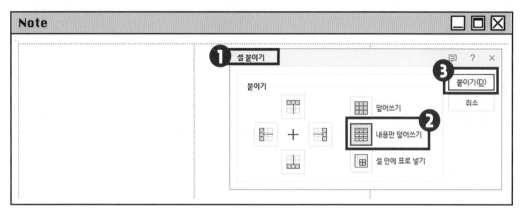

- 붙여온 이름표의 위치를 조정하여 줍니다.

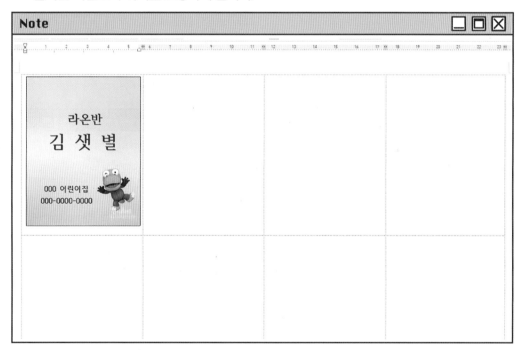

- 그 다음 일일이 복사-붙여넣기를 하지 않고, 전체 표를 드래그 한 후, 마우스 우클릭을 하여 채우기-표 자동 채우기를 선택합니다.

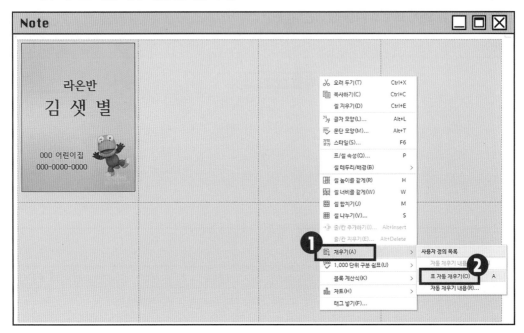

- 아래와 같이 쉽게 이름표를 여러개 만들 수 있습니다.

memo

이 외에도 궁금한 기능이 있거나, 필요한 예제 서식이 있다면 네이버 지혜쌤 카페의
[디지털 활용 능력 UP 후기 이벤트] 게시판에 후기와 함께 구글 폼을 작성해 주세요!

구글폼 바로가기

CHAPTER. 2

파워포인트 활용편

예전에는 기관에서 주로 한글 프로그램을 사용하는 경우가 많았습니다. 하지만 점차 다양한 디지털 프로그램이 업그레이드 되고, 사용하기 쉬워지며 일반 대중들의 접근이 용이해 졌습니다. 여러 가지 디지털 프로그램이 상용화가 되며 자신의 작업 특성 및 내용 등에 따라 필요한 프로그램을 연계하여 활용해 직접 작업을 하는 분들이 많습니다. 특히 파워포인트는 다양한 기능을 활용해 텍스트와 도형, 사진과 도표, 그래프 등 여러 가지 요소를 자유롭게 수정하고 활용할 수 있다는 점, 영상으로 편집을 할 수 있다는 점, 기관에서 공식적인 행사를 운영하거나 발표를 할 때에 슬라이드 화면으로 사용하기 쉽다는 점이 장점이라고 볼 수 있겠습니다.

파워포인트 기본 메뉴 익히기

- 파워포인트에 접속하면 다음과 같은 화면이 나옵니다.
- 파워포인트 작업을 하기 전 기본 내용을 설정하면 매번 확인하지 않아도 간편하게 작업 환경을 세팅할 수 있습니다.
- 파워포인트 버전에 따라 메뉴의 기능에 차이가 있을 수 있습니다. 참고 바랍니다.

① 파워포인트 작업 환경 설정하기

- 한글 프로그램과 마찬가지로 작업을 하다보면 종종 PC가 먹통이 되어 작업하던 내용이 날아가는 경우가 있는데요. 파일의 옵션을 선택해 자동 복구 정보 저장 간격을 설정하면 그러한 상황에 맞이할 수 있는 피해를 최소화 할 수 있습니다.
- 우선 파워포인트 프로그램을 실시하는 첫 화면에서 왼쪽 하단에 위치한 옵션 버튼을 클릭합니다.

파워포인트 활용편

- 파일의 옵션을 선택하면 아래와 같은 창이 나오게 됩니다.
- 세 번째 줄의 저장탭을 누른 후 자동 복구 정보 저장 간격을 5분으로 설정합니다. 그렇게 되면 5분 단위로 자동으로 저장되어 PC가 다운이 되어도 최소 5분 전의 내용은 저장된 상태로 보존됩니다.
- 옵션 창에서 저장 메뉴를 선택한 후, 자동 복구 정보 저장 간격을 조정합니다.
- 아래의 저장하지 않고 닫은 경우 마지막으로 자동 복구된 버전 유지에 체크가 되어있는지도 확인해 주세요.

- 파워포인트 작업을 하다가 한글로 작성했는데 자꾸 영어로 변경되어 불편한 적이 있으실 텐데요, 이러한 경우 마찬가지로 옵션으로 들어가 언어 교정을 클릭한 후, 자동고침 옵션을 선택합니다.

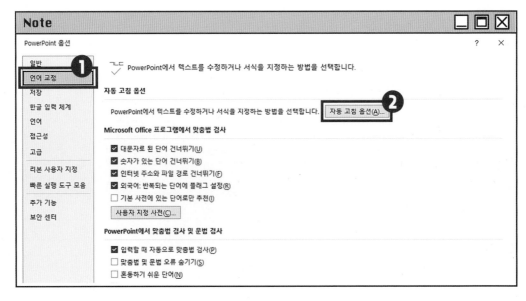

• 아래의 자동 고침 메뉴에서 오른쪽의 한/영 자동 고침 체크박스를 해제하면 한글이 영어로 자동 변경되는 것을 방지할 수 있습니다.

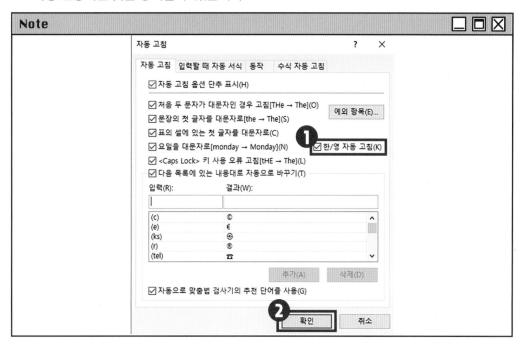

• 파워포인트 작업을 할 때에 빨간 밑줄이 계속 나타나 불편한 적이 있으시다면 아래와 같이 설정해 보시기 바랍니다. 언어 교정 - 하단의 입력할 때 문법 오류 표시를 해제하면 더 이상 빨간 줄이 나타나지 않게 됩니다.

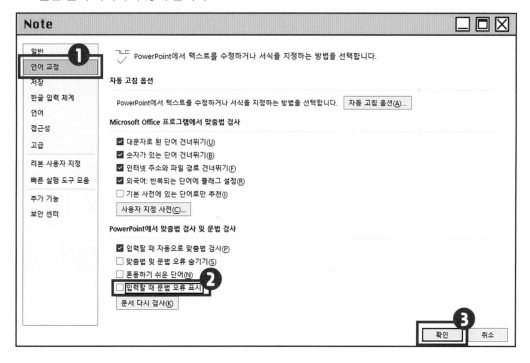

- 옵션의 메뉴에서 고급 탭을 선택합니다. 해당 창에서 실행 취소 최대 횟수를 150으로 설정해 주세요. 이전으로 돌아가기를 최대 150회까지 할 수 있어, 작업을 하다 실수를 하더라도 충분히 Ctrl+z 를 사용해 이전 단계로 돌아갈 수 있습니다.

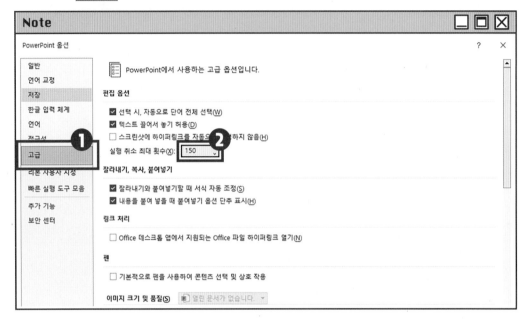

② 슬라이드 크기 설정하기

- 이제 본격적으로 작업에 들어가 보겠습니다. 파워포인트 프로그램으로 다양한 문서와 양식을 만들어 볼 수 있습니다.
- 기관에서는 보통 A4사이즈의 종이에 출력하는 경우가 많아 가장 먼저 문서의 슬라이드 크기를 설정하는 것이 필요합니다.
- 디자인 메뉴에서 슬라이드 크기의 아래 꺽새를 선택한 후, 가장 하단의 사용자 지정 슬라이드 크기를 선택합니다.

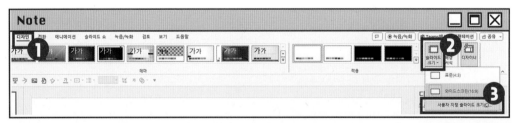

• 세로와 가로의 방향 여부도 여기에서 설정해 주세요.

• A4문서 외에도 작업하고자 하는 문서의 사이즈를 설정하는 방법입니다.

• 슬라이드 크기창의 가장 하단의 사용자 지정을 선택해 원하는 사이즈를 입력합니다.

• 이 때 최대 너비가 142.24cm까지 허용되므로 그때에는 너비와 높이의 비율을 입력해 사용 하면 됩니다.

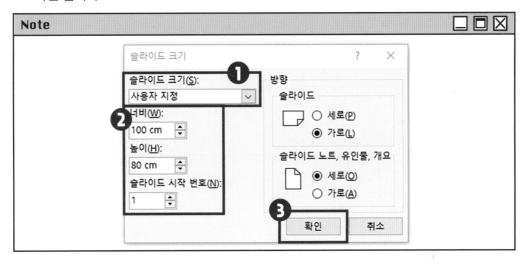

③ 빠른 실행 도구 모음 활용하기

작업을 하다보면 자주 사용하게 되는 기능이 있습니다. 매번 메뉴에 들어가서 필요한 기능을 클릭하여 작업을 하다보면 시간이 많이 소요됩니다.

다양한 작업을 사용하되 빠른 시간 내에 효율적으로 마무리 할 수 있도록 빠른 실행 도구 모음을 활용하는 것을 추천합니다.

• 가장 첫 화면의 파일의 옵션을 클릭하여 빠른 실행 도구 모음을 선택합니다.

- 파워포인트 작업을 할 때 많이 사용하는 명령을 클릭해 추가 버튼을 눌러줍니다.
- 그 다음 하단의 확인 버튼을 클릭하면 내가 선택한 도구를 빠르게 사용할 수 있도록 파워포인트 메뉴 아래에 빠른 실행 도구 모음 메뉴가 나타나도록 설정됩니다.

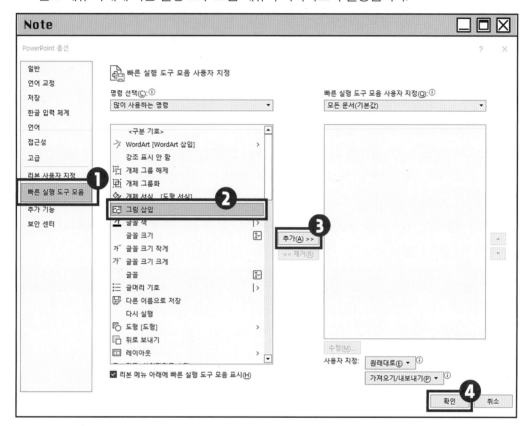

- 아직 파워포인트 프로그램을 자주 사용하지 않아 어떤 도구를 빠른 실행 도구 모음에 추가할지 어렵다면, 작업을 하면서 그때 그때 필요하다고 생각되는 기능 메뉴에 마우스를 가져간 후, 우클릭을 해주세요.
- 소메뉴 상단의 빠른 실행 도구 모음에 추가를 선택하여 앞에서 설명한 방법과 동일하게 빠른 실행 도구 모음으로 설정할 수 있습니다.

• 아래와 같이 내가 선택한 메뉴가 리본 메뉴 하단에 빠른 실행 도구 모음으로 세팅된 것을 확인할 수 있습니다.

④ 글꼴 옵션 설정 및 안내선 활용하기

• 집에서 작업을 한 후, 발표를 하려고 작업완료한 파워포인트 파일을 열었을 때 문서를 사용할 PC에 내가 사용했던 글꼴이 설치되어 있지 않아 작업을 완료했던 슬라이드안의 글꼴이 깨져서 당황한 적은 없으신가요?

• 이 때에는 파일에 글꼴을 포함하여 저장하는 옵션을 사용하면 문제가 해결됩니다. 하지만 파일의 용량이 늘어나게 되니, 이 점은 참고해 주시기 바랍니다.

- 본격적으로 작업을 시작하기 전, 작업을 할 때에 내가 작업한 요소의 위치를 확인해야 한다면 안내선에 체크를 해주세요.

- 안내선을 추가하고 싶은 경우, 슬라이드의 빈 영역에서 마우스 우클릭을 합니다. 눈금 및 안내선의 오른쪽 꺽새를 선택해 세로/가로 안내선 추가를 클릭하면 됩니다.

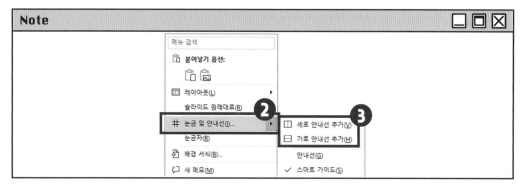

⑤ 파워포인트 템플릿 사용하기

- 파워포인트 작업이 익숙하지 않은 경우, 어디서부터 시작해야 할지 막연할 수 있습니다. 이런 경우 새로만들기의 중반에 보이는 다양한 파일 및 테마를 활용하는 것을 추천합니다.

- 검색창에 필요한 키워드를 작성해서 다양한 디자인의 파워포인트 템플릿도 검색할 수 있으니 활용해 보세요.

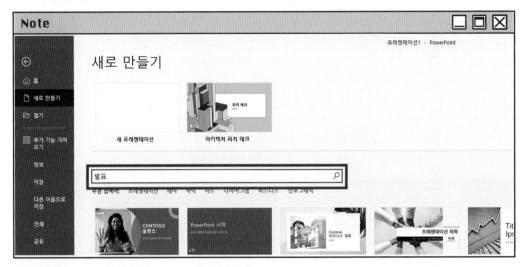

- 파워포인트 새로만들기 메뉴에서 제공하는 디자인 중 하나를 선택해 불러온 후, 그 템플릿을 활용해 작업을 하는 것으로 기본적인 기능을 살펴보려고 합니다.

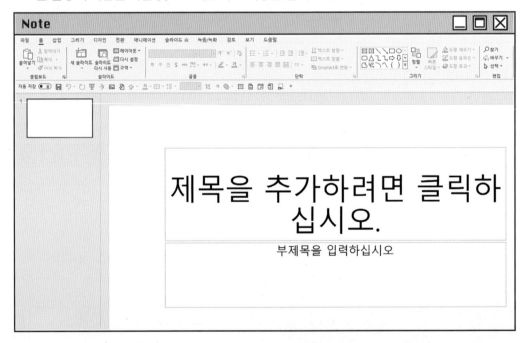

• 왼쪽의 내용은 전체 슬라이드의 구성과 개요를 볼 수 있는 부분으로 드래그를 해서 각 슬라이드를 클릭하여 위치를 이동하거나, 필요한 슬라이드 위에서 마우스 우클릭을 하여 삭제, 복제, 다시 사용 등의 기능을 활용할 수 있습니다.

⑥ 슬라이드 다시 사용하기

• 슬라이드 다시 사용의 기능은 후에 새 작업을 하다가 기존에 작업하던 슬라이드가 필요할 때 처음부터 새로 만들지 않고 기존에 작업하던 슬라이드를 불러와 사용할 수 있도록 설정하는 기능입니다.

• 자주 사용할 만한 내용의 교육계획안, 행사안내문, 보고서 등의 슬라이드를 재사용하고자할 때 이 기능을 사용하면 유용하게 활용할 수 있습니다.

- 새롭게 파워포인트 작업을 하다가, 이전에 만들어 두었던 파워포인트의 슬라이드가 필요한 경우, 슬라이드 다시 사용 버튼을 눌러 아래의 그림과 같이 우측에 보여지는 슬라이드 리스트 중 필요한 것을 선택하여 불러와 작업을 하면 됩니다.

- 사용할 슬라이드를 선택하면 위쪽에 작은 소메뉴가 나타납니다. 모두 삽입과 파워포인트에서 열기 중 선택하여 작업을 진행합니다.

파워포인트 작업하기

① 그림(사진) 삽입하기

현장에서 아이들에게 실물 사진이나 도안, 그림, 일러스트 등을 제공해 주는 경우가 많습니다. 파워포인트를 활용해 그림을 삽입하는 방법을 알아보겠습니다.

내 PC에 저장한 사진 외에도 파워포인트 프로그램 자체에서 다양한 이미지와 일러스트, 기호 등을 제공하고 있으므로 함께 활용해 보기 바랍니다.

• 삽입메뉴에서 그림의 아래 꺽새를 누르면 세가지의 방법이 나옵니다. 그 중 가장 상단의 이 디바이스에서를 선택하면 내 PC에 저장되어 있는 사진을 슬라이드로 가지고 올 수 있습니다.

• 한번에 한 장을 가지고 올 수 있고, 드래그 하여 여러장을 한번에 가지고 올 수도 있습니다. Ctrl 키를 누른 상태에서 원하는 사진만 선택하여 불러올 수도 있습니다.

- 여러장을 한번에 가지고 오는 경우, 아래와 같이 이미지들이 겹친 채 슬라이드에 나타나기 때문에 번거로울 수 있습니다. 하지만 이렇게 불러오는 경우, 파워포인트 프로그램에서 제공하는 다양한 디자인을 보고 선택해 빠르게 구성할 수 있는 장점이 있기도 합니다.
- 오른쪽의 디자인을 살펴보고 원하는 형태가 있다면 클릭해 사진을 구성합니다.

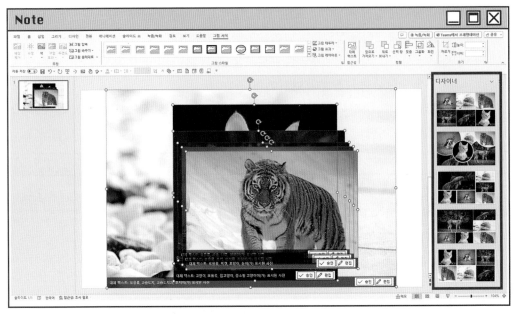

- 우측의 디자이너에서 추천하는 디자인을 선택하면 다음과 같이 사진이 배치 되어 나타납니다.

- 구성한 사진 중 편집을 하고 싶은 사진을 선택하고, 상단의 메뉴에서 가장 우측의 그림 서식을 클릭해 주세요. 그림을 편집할 수 있는 다양한 메뉴들이 나옵니다.

- 보기 편하도록 나머지 사진은 삭제하고 물고기 사진으로 작업을 하는 과정을 살펴보겠습니다.

② 그림(사진) 배경 제거하기

아래의 그림처럼 이미지 작업을 할 때에 배경을 제거하고 싶은 경우, 사용하는 기능입니다. 물고기를 제외한 뒷부분을 제거하고 싶다면 메뉴의 그림 서식을 클릭한 후, 가장 왼쪽에 위치한 배경제거 버튼을 선택합니다.

- 그럼 아래의 사진과 같이 주요소는 그대로이고 주변의 배경이 보라색으로 변경되는 것을 확인할 수 있습니다. 보라색에 해당하는 부분은 파워포인트 프로그램에서 배경으로 인식하고 제거할 수 있다는 의미입니다.
- 하지만 자세히 보면 물고기의 지느러미 뒷부분과 꼬리가 잘려나갔습니다. 그럴 때에는 상단의 맨 왼쪽 보관할 영역 표시 단추를 눌러 되살리고 싶은 부분만 색을 칠하듯 드래그 합니다.

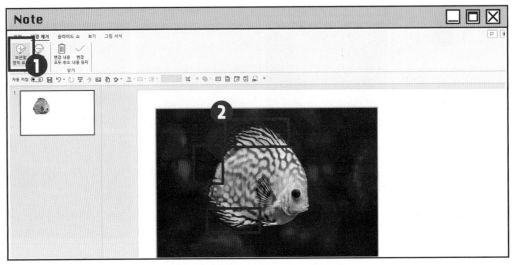

- 원래의 색이 보이도록 설정한 후 보관해야 하는 부분은 살리고, 나머지 배경만 지우면 됩니다. 설정이 끝나면 슬라이드로 커서를 이동해 슬라이드 화면의 빈 공간을 마우스로 클릭 하거나, ESC를 눌러주세요.

③ 그림(사진) 서식 수정, 변경하기

- 작업하고 싶은 사진을 클릭하면 상단의 그림 서식 메뉴의 여러 가지 기능이 나타나게 됩니다. 배경제거의 오른쪽 수정 버튼을 클릭하면 선명도 및 밝기/대비 등을 조절할 수 있습니다.

• 사진이 어두워 선명도를 선택해 조금 더 선명하게 나타날 수 있도록 설정하였습니다.

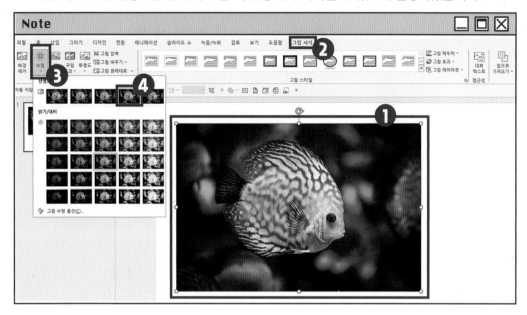

• 사진의 색 오른쪽의 꾸밈효과를 클릭하면 다양한 효과를 낼 수 있습니다. 꾸밈효과에는 표식, 연필 회색조, 확산 네온, 질감 효과 등 다양한 효과가 있으니 활용해 보시기 바랍니다.

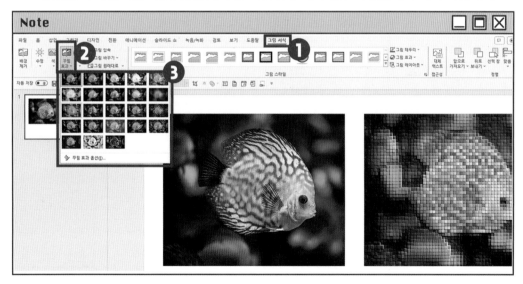

• 꾸밈효과 메뉴 중 가장 하단 중간의 복사를 선택하면 본 그림의 색을 없앨 수 있습니다. 그림자 찾기, 색칠하기 등의 도안을 만들 때 활용하기 좋습니다.

✓ 이미지의 성격에 따라 다른 결과값이 나올 수 있습니다. 그림자 찾기, 색칠하기 도안을 만드는 좀 더 유용한 방법은 조은쌤의 유튜브 영상에 추가로 업로드해 드리겠습니다.

파워포인트 활용편

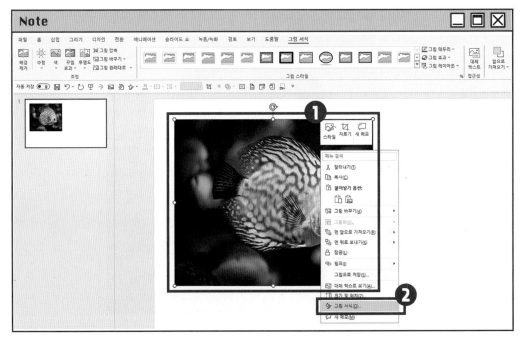

- 또 다른 기능을 사용해 보려고 합니다. 우선 적용할 사진을 클릭합니다.
- 기본 메뉴의 그림 서식을 선택하여 작업을 할 수도 있지만, 해당 그림에서 마우스 우클릭을 하여 그림 서식을 누르게 되면 오른쪽에 보기 쉽게 그림 서식 메뉴가 생깁니다.

- 그림 서식 메뉴가 생성되면 바로 아래에 채우기 및 선, 효과, 크기 및 속성, 그림의 소메뉴가 나타납니다. 그 중 효과를 클릭한 후, 아래의 메뉴 중 원하는 효과를 선택합니다.
- 위의 그림은 그림자 효과를 주어 사진의 아래쪽에 그림자를 나타나게 한 것입니다.

- 그림 서식 메뉴에서 그림자, 반사, 네온 등 다양한 효과를 추가로 줄 수 있으니 사용해 보시기 바랍니다.

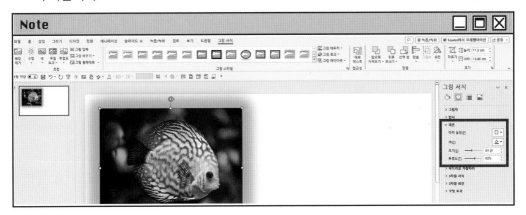

- 네온을 선택하면 사진의 테두리가 네온으로 바뀌게 됩니다.

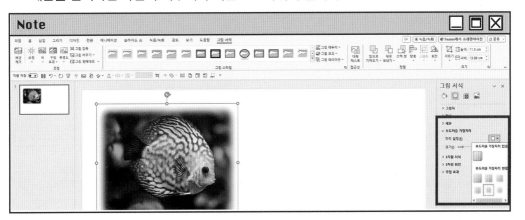

- 그림서식의 그림 스타일 메뉴안의 여러 디자인 중 부드러운 가장자리를 선택해 사진의 테두리를 부드럽게 마감처리 할 수도 있습니다.
- 우측 그림 서식 메뉴의 미리 설정에서 모양을 선택한 후, 아래의 크기를 조정해 테두리의 마감을 설정합니다.

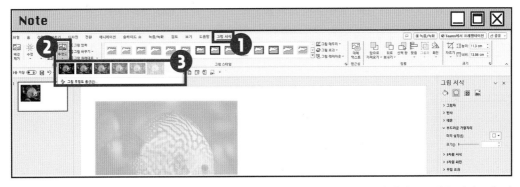

- 그림서식의 투명도를 선택하여 그림이 투명하게 비치는 정도를 설정할 수 있습니다. 이 기능은 두 개 이상의 사진을 덧대어 표현할 때 사용하기도 합니다.

- 그림 서식의 소메뉴 중 하나인 반사 메뉴의 반사 변형 내용을 불러와 선택한 그림에 반사 효과를 나타내어 줄 수도 있습니다.

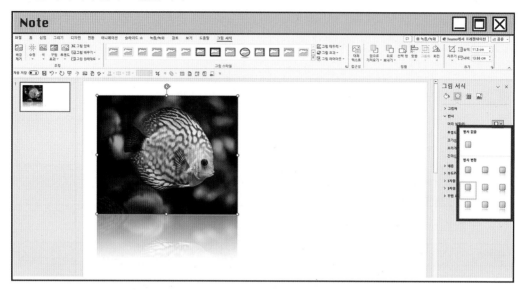

- 다음은 그림에 액자틀을 씌우는 방법입니다. 그림서식의 하단에 있는 그림 스타일 메뉴에서 아래 꺾새를 눌러 전체 서식을 연 후, 원하는 스타일의 틀을 선택합니다.

- 아래의 이미지와 같이 삽입한 사진에 틀을 입혀 액자를 씌우는 듯한 효과를 줄 수 있습니다.

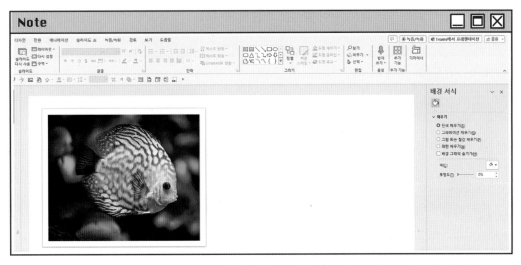

- 그림 서식의 그림 테두리를 선택해 직접 색과 윤곽선의 모양, 두께, 스케치 형태, 대시 등을 설정하는 방법도 있습니다.
- 그림 테두리의 아래 꺽새를 누른 후, 원하는 형식의 내용을 선택합니다.

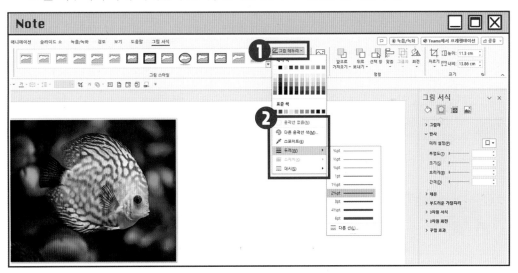

파워포인트 활용편

- 그림 테두리 메뉴에서 색을 변경하여 테두리의 디자인을 변경했습니다. 디자인에 따라 어울리는 형태로 두께와 대시, 기타 설정을 조절해 보세요.

- 그림에 예쁜 노란색 테두리가 생겼습니다.

④ 그림(사진) 정렬하기 및 다양한 기능 사용하기

- 여러 개의 사진을 정리하는 방법을 살펴보겠습니다.
- 작업을 하기 위해 여러 장의 사진을 배치하게 되는 경우, 행이나 열이 잘 맞추어 졌는지 확인해야 할 경우가 많습니다. 아무래도 그림의 위치가 삐뚤빼뚤하게 되면 작업물의 완성도에도 영향을 미칠 수 있기 때문이지요.
- 우선 아래와 같이 작업할 사진을 여러장 슬라이드에 불러옵니다.

- 사진 파일의 크기를 변경하거나 자르고 싶은 경우, 그림 서식 메뉴의 우측 자르기를 선택하여 조정합니다.

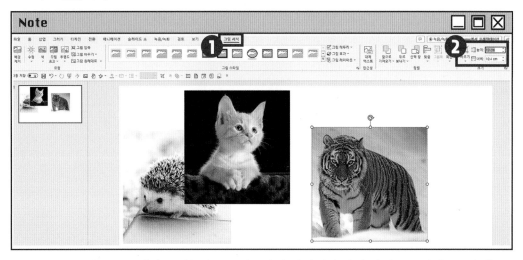

- 이미지 사이즈를 조정한 후, 홈 메뉴로 이동하여 정렬탭의 아래 꺽새를 클릭한 후, 아래쪽의 맞춤을 선택해 간격이나 줄 등을 맞추어 정렬할 수 있습니다.

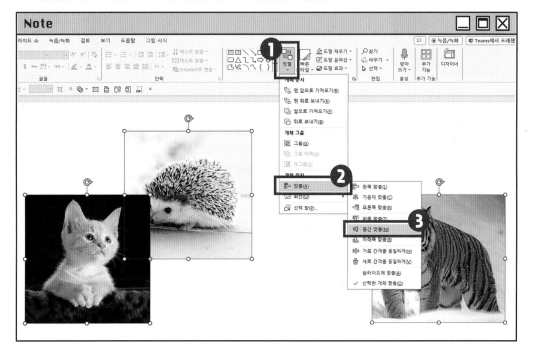

· 파워포인트 활용편 ·

- 그림 레이아웃 메뉴를 통해 그림을 재배치 할 수 있습니다.
- 파워포인트 프로그램에서 제공하는 다양한 레이아웃에 그림을 삽입하여 디자인할 수 있는 기능입니다.
- 레이아웃에 넣을 이미지를 모두 선택한 후, 홈 메뉴의 그림 서식에서 그림 레이아웃의 아래 꺽새를 클릭하여 다양한 레이아웃 중 원하는 디자인을 선택하여 불러옵니다.

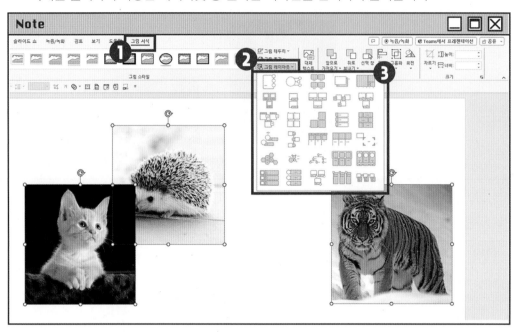

- 레이아웃의 크기를 변경해야 한다면 레이아웃의 프레임을 선택한 후에 모서리 부분의 하얀 점을 클릭한 상태에서 원하는 사이즈만큼 드래그 하여 전체 크기를 조정할 수 있습니다.

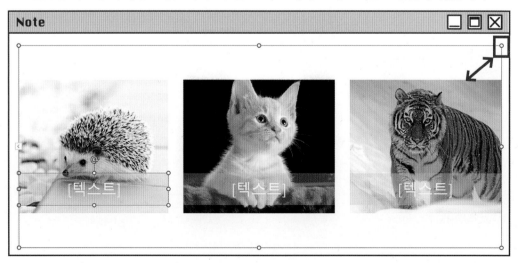

• 레이아웃을 선택한 후, 스마트 아트 디자인 메뉴에서 다른 디자인으로 변경할 수 있습니다.

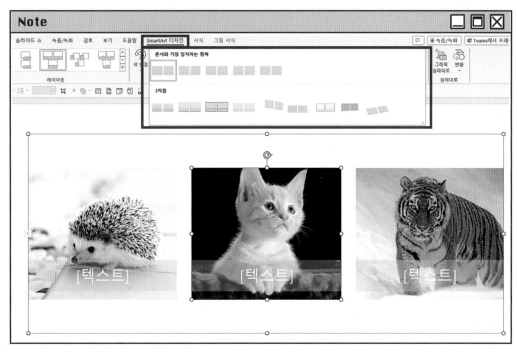

• 색 변경 메뉴의 아래 꺾새를 클릭하여 기본 테마 색 외에도 색상형, 강조의 정도를 설정할 수 있습니다.

• 파워포인트활용편 •

- 색 스타일을 선택한 후, 아래의 이중꺽새를 선택해서 3차원 효과를 줄 수도 있습니다.
- 아래의 그림은 3차원 중 벽돌을 사용했을 때의 효과입니다.

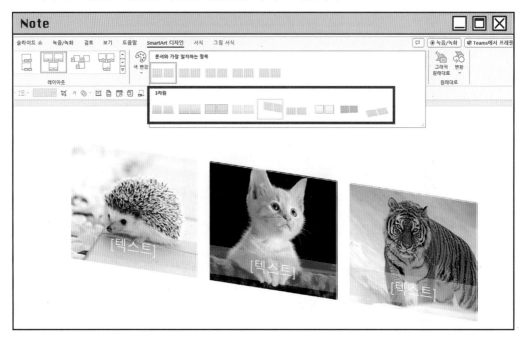

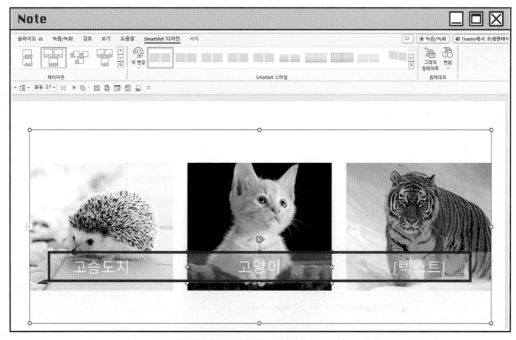

- [텍스트] 라고 적혀 있는 부분을 클릭해 필요한 설명이나 내용을 기입해 주세요.
- 이외에도 다양한 기능을 선택하여 배치한 레이아웃의 그림의 효과를 나타내어 보시기 바랍니다.

⑤ 스톡이미지와 온라인 그림 사용하기

• 파워포인트 프로그램에서는 다양한 이미지와 아이콘 등을 제공하고 있습니다.

• 메뉴의 삽입의 그림을 선택하면 이 디바이스, 스톡 이미지, 온라인 그림의 세 개의 메뉴가나타납니다.

• 스톡 이미지를 선택해 보겠습니다.

• 스톡 이미지를 선택하면 다음과 같은 창이 나타납니다. 이미지와 아이콘, 사람 컷 아웃, 스티커, 비디오, 일러스트레이션, 만화캐릭터 등의 다양한 컨텐츠를 제공하고 있습니다. 그 중원하는 카테고리를 선택하여 필요한 이미지의 키워드를 입력합니다.

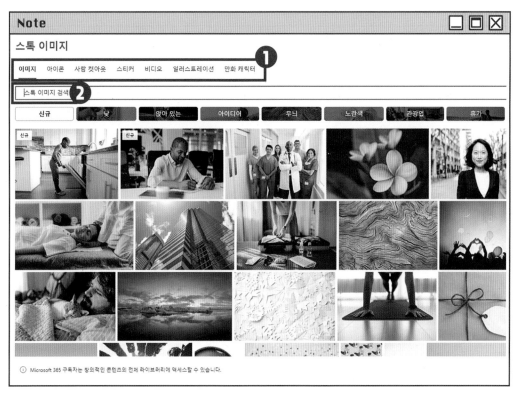

파워포인트 활용편

- 스톡이미지의 일러스트레이션 카테고리에서 동물을 검색해 원하는 동물을 삽입해 보겠습니다.

- 일러스트레이션 카테고리에서 원하는 동물 아이콘을 세 개 선택하였습니다. 삽입된 세 개의 아이콘을 원하는 위치에 끌어 당겨 재배치합니다.
- 홈 메뉴의 정렬 기능을 사용하여 이미지를 정렬해 줍니다.

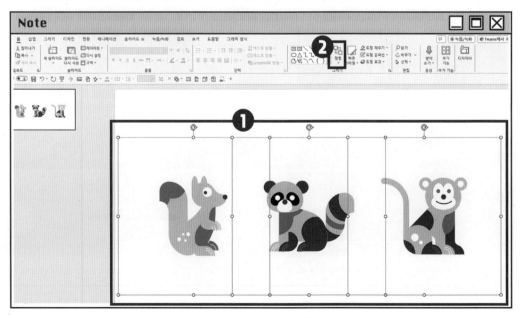

• 배치한 후, 상단 메뉴의 그래픽 형식을 선택하여 테마색을 변경할 수 있습니다.

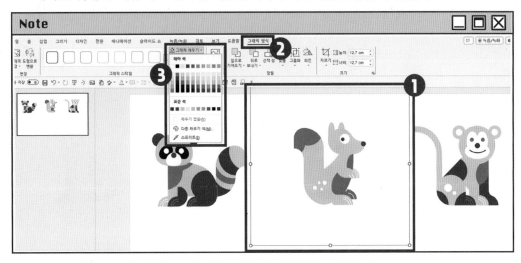

• 아래의 이미지처럼 아이콘의 색이 변경된 것을 확인할 수 있습니다.

• 배치한 위치가 마음에 들지 않거나 가지런히 정렬을 하고 싶을 때에는 그래픽 형식의 우측 메뉴 중 맞춤을 클릭하여 필요한 정렬 방식을 선택합니다.

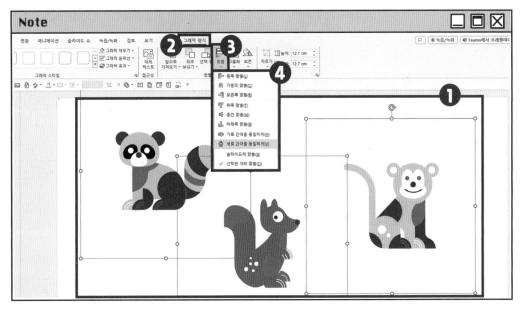

- 아래의 그림은 그래픽 형식의 맞춤에서 중간 맞춤을 선택한 후 다시 한번 가로 간격을 동일하게를 클릭해 정렬한 모습입니다.

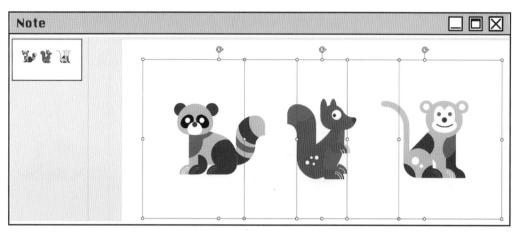

- 삽입한 아이콘에 윤곽선을 넣어 강조하고 싶은 경우에는 그래픽 형식 메뉴의 중간에 위치한 그래픽 윤곽선을 클릭해 주세요.
- 윤곽선의 색이나 두께, 대시 등을 설정해 변경할 수 있습니다.

- 아래의 그림과 같이 아이콘에 윤곽선의 색을 더하고 두께를 조정하여 강조하는 효과를 나타내 보았습니다.
- 윤곽선의 색을 검정색으로 선택한 후, 두께를 두껍게 설정한 모습입니다.

- 아이콘의 외곽선이 검정색으로 두껍게 변경된 것을 확인할 수 있습니다.

• 이번에는 삽입의 온라인 그림을 선택해 보겠습니다.

• 온라인 그림에서도 다양한 이미지를 제공하는 것을 알 수 있습니다. 별도의 사진을 준비해
  작업하지 않아도 파워포인트 프로그램에서 제공하는 사진으로 충분히 다양한 작업을 할 수
  있습니다.
• 검색 창에 원하는 이미지의 키워드를 입력합니다.

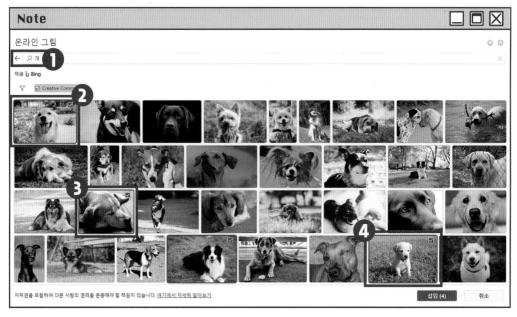

• 개를 검색해보았습니다. 검색된 이미지 중 원하는 것을 선택합니다. 한번에 여러 개를 선택
  할 수 있습니다.

- 원하는 이미지를 선택한 후, 확인을 클릭하면 내가 선택한 그림이 삽입되면서 파워포인트의 디자이너 기능이 실행되며 다양한 배치와 디자인의 예시를 보여줍니다.
- 그 중 원하는 스타일이 있다면 선택해 주세요. 사진이 디자인에 편집되어 자동으로 나타나는 것을 확인할 수 있습니다.

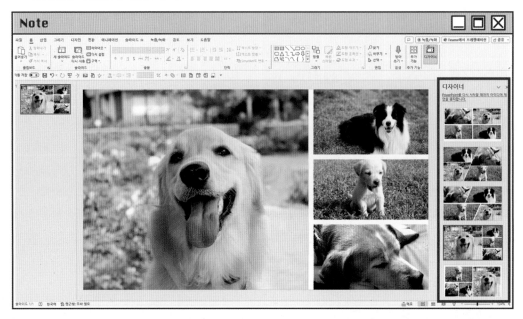

- 위에서 설명한 과정과 같이 동일하게 그림 서식 등의 메뉴를 활용해 불러온 이미지를 꾸밀 수 있습니다.

⑥ 표 작업하기

파워포인트 프로그램으로 표를 작업하는 과정을 살펴보겠습니다.

- 삽입 메뉴에서 표를 선택합니다. 드래그 하여 원하는 양식의 표의 열과 행을 선택하여 줍니다.
- 클릭을 하면 자동으로 선택한 양식의 표가 그려집니다.

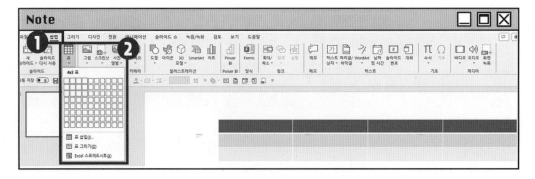

- 이 때 우측의 메뉴 중 테이블 디자인을 선택하여 표의 스타일, 음영, 테두리, 효과 등을 선택하여 다시 디자인을 할 수 있습니다.
- 프로그램에서 제공하는 다양한 스타일 중 원하는 양식을 선택하여 변경합니다.
- 이 때 우측의 메뉴 중 테이블 디자인을 선택하여 표의 스타일, 음영, 테두리, 효과 등을 선택하여 다시 디자인을 할 수 있습니다. 프로그램에서 제공하는 다양한 스타일 중 원하는 양식을 선택하여 변경합니다.

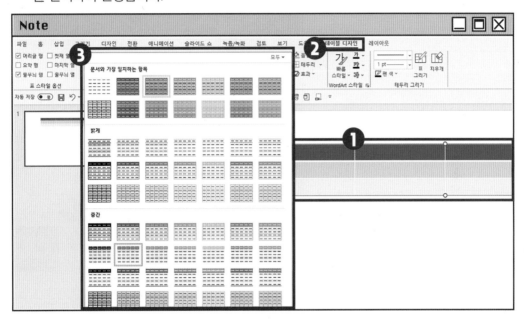

- 표 작업을 하다가 열이나 행을 삽입하고 셀을 병합, 분할할 때에는 해당 칸에서 마우스 오른쪽 버튼을 클릭하여 설정하거나, 상단 우측의 레이아웃의 메뉴를 선택해 설정할 수 있습니다.

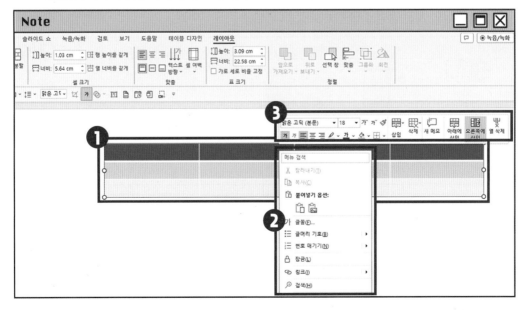

파워포인트 활용편

• 표에 삽입하는 텍스트의 위치와 방향은 중간의 메뉴에서 선택하여 설정할 수 있습니다.

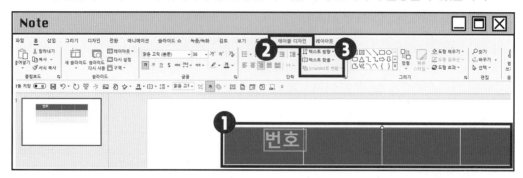

• 텍스트의 방향을 설정하는 메뉴입니다.

⑦ 앨범 만들기

• 파워포인트 프로그램으로 앨범도 만들 수 있습니다.

• 삽입 메뉴의 사진 앨범을 클릭해 보겠습니다.

- 사진 앨범을 클릭하면 다음과 같은 창이 나오게 됩니다.
- 그림 삽입의 파일/디스크를 선택합니다.

- 사진을 정리한 폴더로 이동해 앨범을 구성할 사진을 선택한 후, 아래의 삽입 버튼을 눌러줍니다.
- **Ctrl** 버튼을 누른 채 사진을 클릭하면 한번에 여러 사진을 선택할 수 있습니다.

- 사진을 선택한 후, 삽입 버튼을 누르면 다음과 같은 화면이 나타나며 사진의 순서를 조정하거나, 제거할 수 있습니다.

- 오른쪽의 미리 보기 화면을 보고, 파일명의 왼쪽 박스를 체크한 후, 아래의 화살표 메뉴를 선택해 사진을 조정할 수 있습니다.
- 사진의 순서나 이미지를 조정한 후, 하단의 만들기 버튼을 눌러주세요.

- 앨범 레이아웃의 창 아래의 그림 레이아웃을 선택해 하나의 슬라이드 화면 안에 나타날 사진의 개수를 조정할 수도 있습니다.

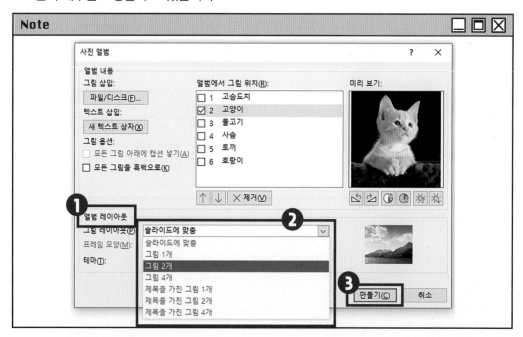

• 앨범 레이아웃의 프레임 모양에서도 다양한 디자인을 선택할 수 있습니다.

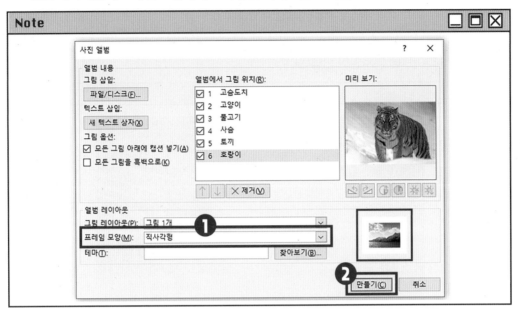

• 마지막으로 메뉴창 하단우측의 만들기 버튼을 선택하면 다음과 같은 디자인으로 구성된 것을 확인할 수 있습니다.

• 활성화 된 앨범 슬라이드에서 텍스트, 이미지 꾸미기 등의 작업을 하여 앨범을 만들 수 있습니다.

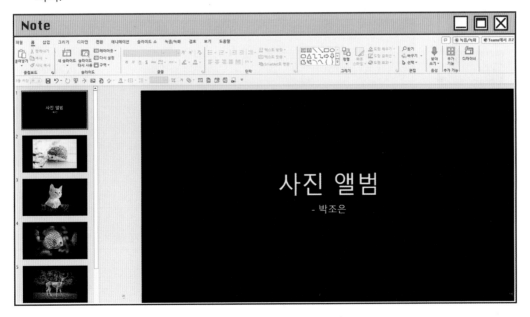

• 파워포인트 활용편 •

- 오른쪽의 디자이너의 예시 중 앨범 디자인을 선택하거나 직접 디자인을 할 수 있습니다. (버전에 따라 디자이너의 예시가 나타나지 않을 수 있습니다)
- 두 번째 앨범 디자인을 선택하여 디자인을 하고자 할 경우, 우측의 예시에서 선택을 하면 자동으로 슬라이드에 디자인이 반영됩니다.

- 불러온 슬라이드 화면에 앨범의 세부 작업을 추가해 앨범을 만들 수 있습니다.
- 텍스트 창을 더블 클릭해 앨범 명, 해당 연도 등 필요한 내용을 기입할 수 있습니다.

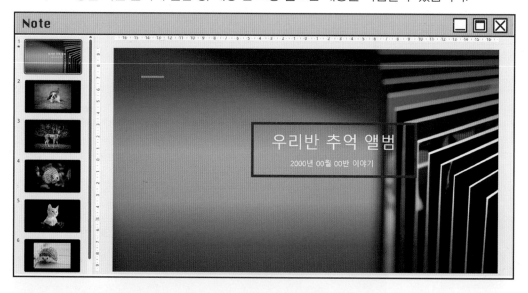

- 사진이 있는 슬라이드를 왼쪽의 개요 창에서 선택하여 각 슬라이드의 사진에 필요한 세부 텍스트를 입력하여 앨범의 각 페이지마다 문구를 작성합니다.

- 슬라이드마다 추천하는 디자이너의 예시를 선택하여 새롭게 디자인을 구성하고 필요한 내용을 입력하여 작업할 수 있습니다.(디자이너의 기능은 오피스 365버전에서만 사용가능합니다)
- 디자이너의 예시가 보이지 않는 버전이라도 직접 텍스트를 추가하고 그림 서식 등의 기능을 활용해 앨범을 꾸밀 수 있습니다.
- 슬라이드의 빈공간에서 마우스 우클릭을 한 후, 배경서식을 선택하여 색을 변경하면 기본으로 제공되는 검정색의 배경색을 바꿀 수 있습니다.

- 사진 앨범 작업을 마무리 한 후, 저장을 할 때에는 다른 이름으로 저장을 클릭한 후, 앨범명(파일명)을 기입하고, PPT 혹은 PDF 등을 선택하여, 원하는 형식으로 지정을 합니다.
- 이 때에 음악을 삽입하고, 영상의 형태로 저장하고 싶다면 MPEG-4 비디오를 선택하면 됩니다.

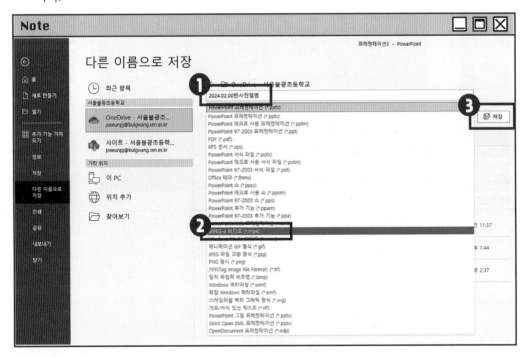

⑧ 3D모델 활용하기

- 파워포인트 삽입 메뉴의 3D모델을 선택해 보겠습니다.

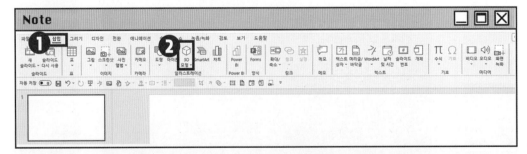

- 스톡 3D 모델을 선택하여 파워포인트 프로그램에서 제공하는 이미지를 불러옵니다.
- 물론, PC에 저장한 사진을 불러와 작업할 수도 있습니다.

- 다음은 온라인 3D 모델의 예시 중 동물을 검색하여 나타난 내용입니다. 원하는 사진을 여러 장 선택한 후, 하단의 삽입 버튼을 클릭합니다.

- 아래와 같은 화면이 나타나며 보다 입체적인 움직임을 나타내는 3D 형식의 이미지를 만들 수 있습니다.
- 불러온 이미지는 메뉴 우측의 3D 모델을 클릭하여 여러 유형의 3D 형식으로 변환할 수 있습니다.

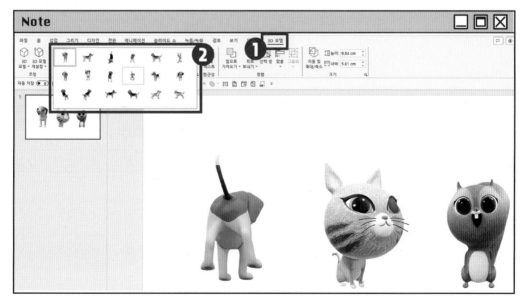

• 파워포인트 활용편 •

127

⑨ Smart Art 그래픽 사용하기

• Smart Art 그래픽을 사용해 보는 작업을 해보겠습니다.

• 삽입 메뉴의 Smart Art를 클릭하여 원하는 형태의 그래픽을 선택합니다.

• 목록형, 프로세스형, 주기형, 계층구조형, 관계형 등 다양한 형식이 있는 것을 확인할 수 있습니다. 원하는 형식을 선택한 후, 확인 버튼을 눌러주세요.

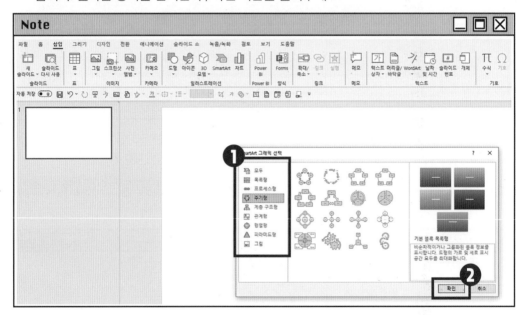

• 다양한 형식 중 주기형의 기본 원형을 선택해 보겠습니다.

• 아래와 같이 Smart Art 그래픽이 삽입되어 텍스트 등을 변경할 수 있습니다.

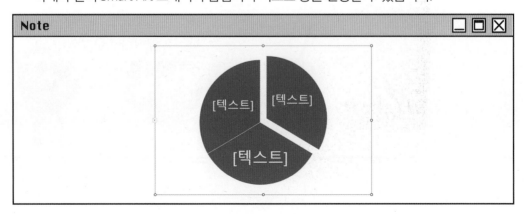

• 텍스트를 입력한 후, 상단의 Smart Art 디자인 메뉴를 선택하여 다른 형식으로 변경할 수 있습니다.

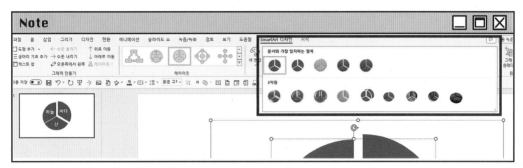

• 그 밖에 메뉴 중간의 색 변경을 클릭하여 기본으로 제공되는 파랑색이 아닌 다양한 색으로 변경하거나 강조하는 내용으로 수정할 수도 있습니다.

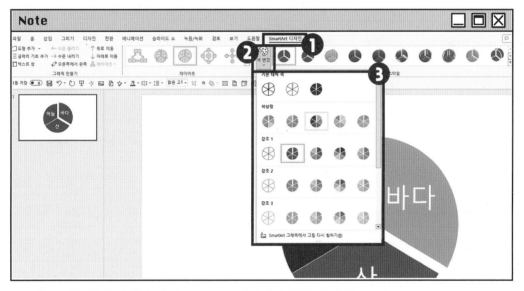

• 색 변경을 통해 아래와 같이 Smart Art디자인의 색을 변경하였습니다.

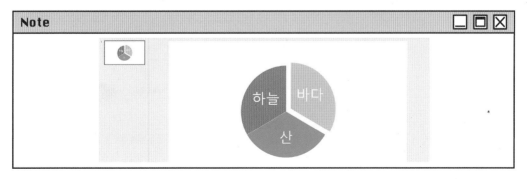

- 메뉴의 레이아웃 아래꺽새를 선택해 기존의 형태를 다른 형식의 디자인으로 변경할 수 있습니다.

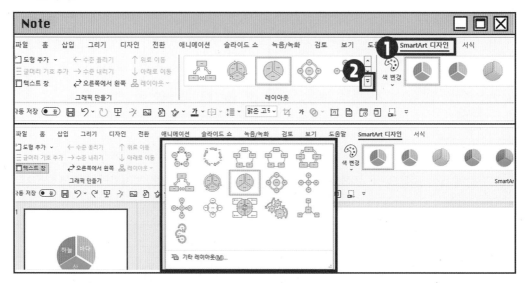

- 팝업된 레이아웃 기본 제공 창의 하단의 기타 레이아웃을 선택하여 더 많은 스타일의 레이아웃을 살펴본 후 변경할 수도 있습니다.

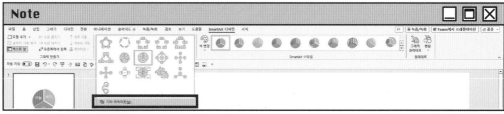

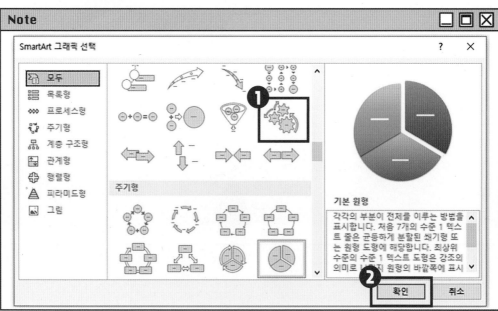

- 변경하고자 하는 디자인을 선택한 후, 확인 버튼을 누르면 아래와 같이 변경된 것을 확인할
  수 있습니다.

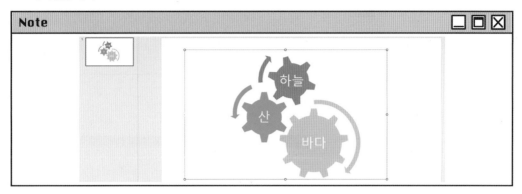

- 이 때에 기존의 디자인을 그대로 두고 다양한 형식의 디자인을 추가로 작업하고 싶을 때는
  슬라이드 복제를 눌러 여러 슬라이드로 만든 후에 작업을 하면 됩니다.

⑩ 차트 만들기

- 삽입메뉴에는 차트를 만들어 주는 기능도 있습니다.
- 선호도, 만족도 조사 등 다양한 결과를 보기 쉽게 나타낼 때 주로 사용합니다. 원하는 형태
  의 차트 양식을 고른 후, 확인 버튼을 눌러 슬라이드에 차트를 삽입합니다.

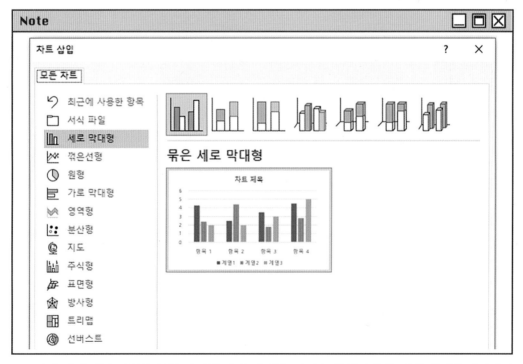

- 기타 위의 기본 작업을 통한 다양한 예제 및 실습 과정은 동영상 등을 통해 제공할 예정이니
  참고하시기 바랍니다.

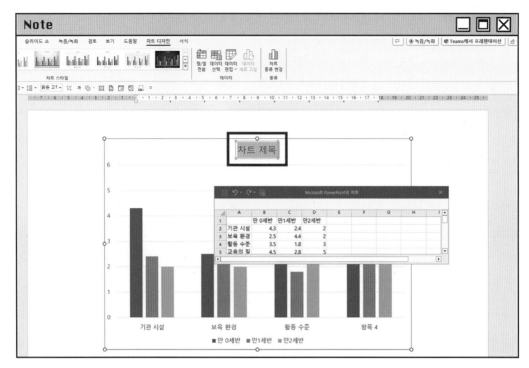

- 삽입된 차트의 계열/항목 등의 텍스트를 클릭하여 필요한 문구를 기입하고, 차트 제목을 수정합니다.

⑪ 비디오(영상) 삽입하기

- 파워포인트 프로그램에서 비디오 등을 삽입하는 과정을 살펴보겠습니다.
- PC에 저장한 영상이나 스톡비디오로 제공하는 영상, 기타 유튜브 영상 등을 불러올 수 있습니다.
- 마찬가지로 삽입 메뉴에서 가장 우측에 위치한 비디오 메뉴를 선택한 후, 삽입 위치를 클릭합니다.

- 유튜브 영상을 불러올 때에는 온라인 비디오를 선택합니다.
- 해당 영상 주소의 링크를 복사하여 붙여 넣기를 합니다.
- 이 때에 저작권 등에 유의하여 사용하시는 것이 바람직합니다.
- 주소를 입력한 후, 하단의 삽입 버튼을 눌러 영상을 불러옵니다.

- 영상을 불러오기 위해 유튜브에서 필요한 영상을 찾습니다.

- 영상 하단의 공유를 클릭하면 다음과 같은 창이 나타나게 되는데, 링크 주소의 복사를 클릭하여 복사를 하면 됩니다.
- 전체 영상이 아니라 영상의 일부분을 선택할 때 영상이 시작하는 시간을 선택할 수 있습니다.

• 하단의 시작 시간 왼쪽의 체크박스를 선택한 후, 숫자를 입력하여 설정합니다.

• 그 후, 링크 주소의 복사를 클릭하여 필요한 위치에 붙여넣기를 하면 됩니다.

• 기타 PC에 저장한 영상도 동일한 과정으로 삽입할 수 있습니다.

조은쌤's TIP3.

파워포인트로 배경 만들기

- 스톡이미지에서 원하는 이미지나 영상 등을 삽입하여 도안이나 활동 자료, 기타 작업물의
  배경으로 사용할 수 있습니다.

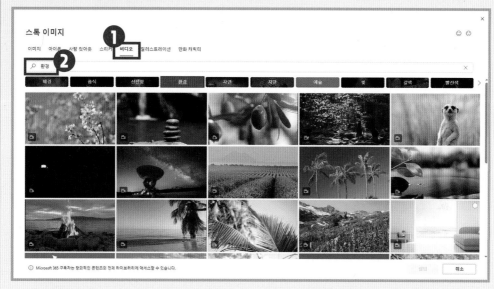

- 슬라이드에 이미지를 전체를 차지하도록 세팅한 후, 그림 서식을 눌러 배경의 형태 및
  디자인 등을 재구성할 수 있습니다.
- 또한 이미지 위에 새로운 이미지를 덧붙이거나, 일러스트와 그림 등을 붙여넣은 후, 작업을
  할 수도 있습니다.

- 슬라이드에 배경을 삽입한 후, 삽입 메뉴에서 원하는 사진(파일)을 선택해 작업을 합니다.

파워포인트 활용편

조은쌤's TIP4.

파워포인트로 그림 그리기

• 홈 메뉴의 네번째 자리에 위치한 그리기 메뉴는 마우스 등을 통해 원하는 형태의 그림이나 선, 모양 등을 표현하는 기능입니다.

• 이 때에 여러 가지 그리기 도구를 선택하여 다양한 그림으로 나타낼 수 있습니다.

• 원하는 방향으로 그림을 그린 후, 마우스의 버튼에서 손을 떼면 그림이 완성됩니다. 반쪽 그림 그리기, 그림 완성하기, 창의력 그림 놀이 등의 활동자료를 만들 때에도 활용할 수 있습니다.

조은쌤's TIP5.

파워포인트 디자인 활용하기(오피스 365버전)

• 파워포인트에서 제공하는 다양한 디자인을 활용해 보세요.

• 발표 자료, 안내 영상 등을 작업할 때 처음부터 디자인을 하는 것이 부담스럽다면 기본
메뉴의 디자인을 선택하여 프레젠테이션, 슬라이드의 디자인을 구성할 수 있습니다.
오른쪽의 아래 꺽새를 눌러 더 많은 디자인을 살펴보세요.

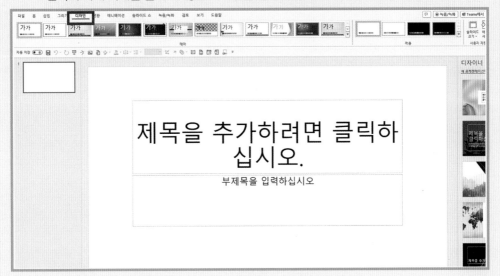

• 디자인에서 원하는 형태를 골라 선택하면 슬라이드에 삽입됩니다.

• 텍스트 및 이미지 삽입을 하여 제공되는 디자인에서 작업을 시작하면 됩니다.

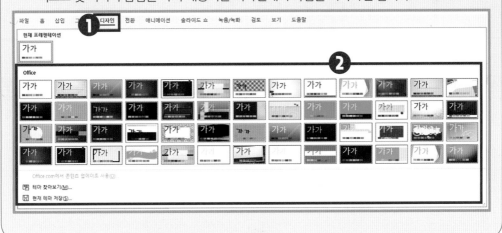

파워포인트 활용편

137

파워포인트 활용 하기

① 가랜드 만들기

- 현장에서 다양하게 활용하는 가랜드를 만들어 보려고 합니다.
- 먼저 디자인 메뉴에서 슬라이드의 사이즈를 A4사이즈 세로형으로 설정합니다.
- 그 다음 삽입의 도형 메뉴에서 원하는 형태의 모양을 클릭하여 슬라이드에 배치합니다.
- 우선 도형의 하단에 위치한 순서도 카테고리에서 다른 페이지 연결선 도형을 불러오겠습니다.

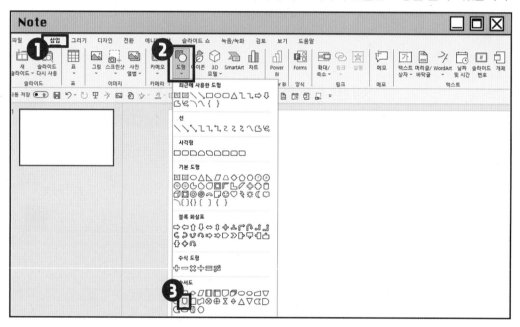

- 모양을 선택 한 후, 대각선으로 드래그 하면 크기를 조정할 수 있습니다.

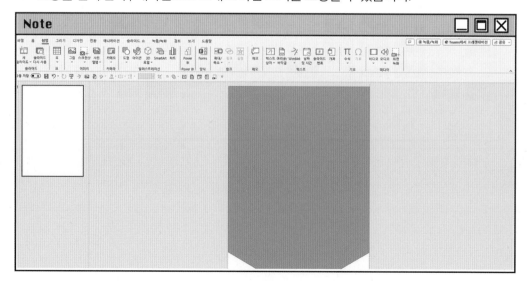

• 도형의 크기 및 위치를 설정한 후, 도형 서식에서 색이나 윤곽선 등을 원하는 형태로 조정합 니다.

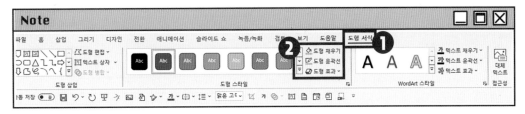

• 도형의 색을 선택하고, 윤곽선의 유무 등을 설정합니다.

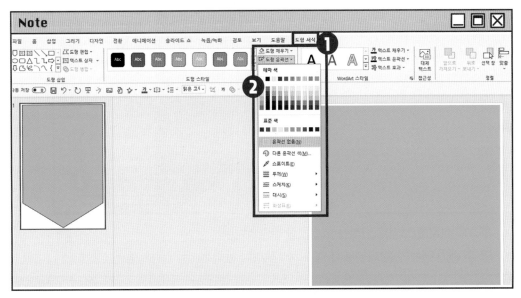

• 파워포인트 활용편 •

• 그 다음 가랜드에 입력할 텍스트를 작성하기 위해 삽입 메뉴의 텍스트 상자를 클릭해 가로 텍스트 상자, 혹은 세로 텍스트 상자를 선택합니다.

• 작업을 할 때에 상단의 메뉴를 클릭하지 않고도 도형을 선택한 후, 마우스 우클릭을 하여 도형서식 메뉴를 불러와 작업을 할 수 있으니 참고하시기 바랍니다.

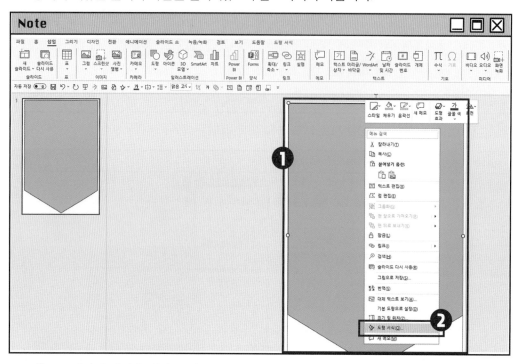

• 텍스트 상자를 입력후 원하는 텍스트를 입력합니다.

• 그 후 메인 메뉴의 홈 화면에서 텍스트의 색이나 윤곽선, 굵기, 위치 등을 선택하면 됩니다.

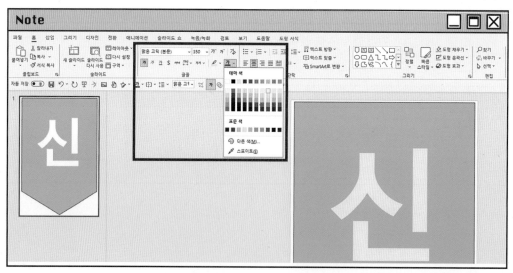

- 가랜드에 커서를 위치하고 마우스 우클릭을 한 후, 도형 서식 메뉴를 불러옵니다.
- 도형 서식 메뉴에서 페인트 모양의 버튼을 선택하여 색을 채웁니다.
- 단색 채우기를 선택해 가랜드 배경에 입힐 색상을 선택합니다.

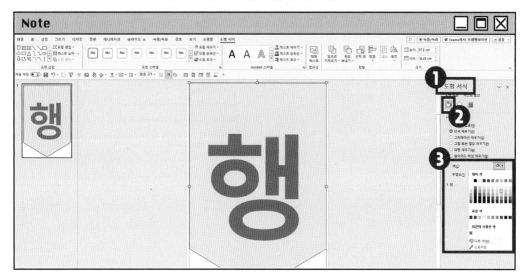

- 가랜드에 단색이 아닌 그라데이션 색을 입히고 싶다면 채우기의 단색채우기 아래의 그라데 이션을 선택합니다.

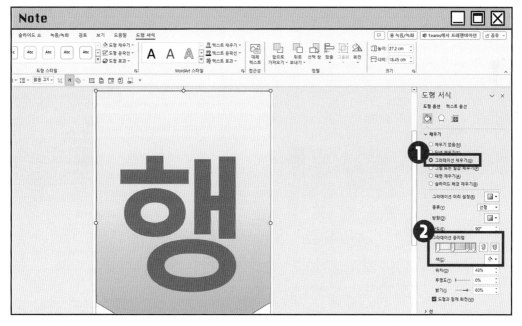

- 그라데이션의 중지점을 추가하거나 삭제를 하여 기본 설정을 합니다. (보통 2개~3개가 적합합니다.)
- 그 아래의 색 메뉴를 클릭해 중지점마다의 색을 설정하면 아래와 같은 그라데이션 배경을 세팅할 수 있습니다.

파워포인트 활용편

- 가랜드에 사진 배경을 넣고 싶을 때에는 우선 배경으로 넣을 사진을 클릭해 Ctrl+c 버튼을 눌러 복사 명령을 입력하거나 마우스 우클릭하여 복사를 실행합니다.

- 그 다음 파워포인트로 돌아와 가랜드를 클릭한 후, 도형 서식의 그림 또는 질감 채우기를 선택합니다.
- 그 아래에 보이는 클립보드 버튼을 클릭합니다.
- 그러면 아래의 이미지와 같이 가랜드의 배경으로 복사한 사진이 설정되는 것을 확인할 수 있습니다.

② 이름표 만들기

- 기본 메뉴의 삽입에서 도형을 선택합니다. 사각형 도형에서 둥근 모서리를 선택하였습니다.

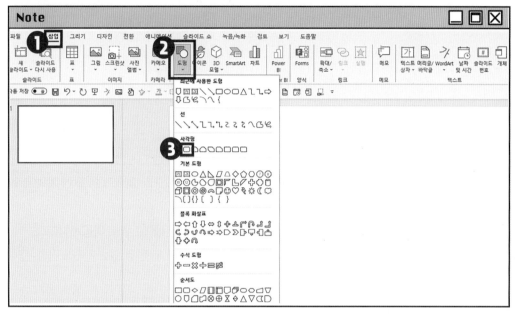

- 도형의 색이나 외곽선 등을 지정하여 기본 설정을 합니다.
- 그 후, 삽입의 그림 메뉴에서 PC에 저장해 두었던 얼굴 사진을 불러옵니다.

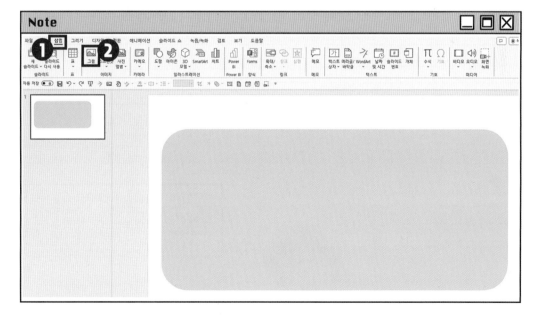

- 아래와 같이 사진이 삽입되었습니다.

- 삽입의 도형 메뉴에서 한번 더 얼굴 사진을 넣을 도형(작은 둥근모서리 사각형)을 선택하여 위치를 조정합니다.
- 그 다음 도형의 색이나 외곽선의 세부 설정을 한 후, 얼굴 이미지를 그 위로 이동시킵니다.
- 이 때에 사진이 원 아래로 이동한다면 마우스 우클릭을 선택해 맨 앞으로 가져오기를 선택합니다.
- 삽입의 텍스트 상자를 클릭해 텍스트를 입력할 상자를 불러옵니다.

- 상자 안에 커서를 대고 클릭한 후, 이름을 기입하고 폰트 및 색 등을 설정합니다.

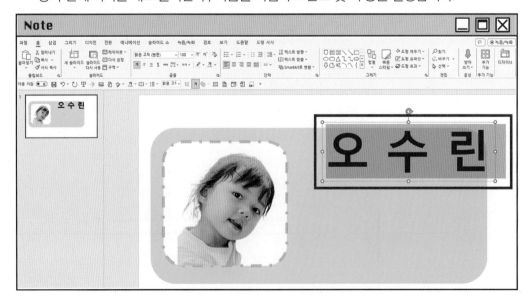

- 글자 역시 마찬가지로 단색 지정 및 그라데이션으로 꾸밈 효과를 줄 수 있습니다.
- 도형의 서식을 변경하는 방법과 동일한 과정으로 텍스트 서식을 선택하여 진행합니다.
- 도형 서식 메뉴에서 도형 옵션 우측의 텍스트 옵션을 선택한 후, 그라데이션 채우기를 선택해 중지점, 색 등을 조절합니다.

- 텍스트에 그라데이션 효과를 설정하였습니다.

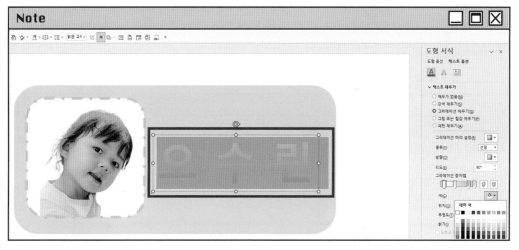

- 도형을 하나 더 만들어 덧대어 이름표 도안 위에 이름 글자가 더 잘 보일 수 있도록 흰색 도형을 넣어 꾸밀 수 있습니다.
- 삽입 - 도형 - 둥근모서리 사각형 - 마우스 우클릭 하여 위치 조정(앞으로 가져오기 등)을 합니다.
- 도형 서식에서 외곽선의 색, 두께, 대시 등을 선택하여 꾸며줍니다.

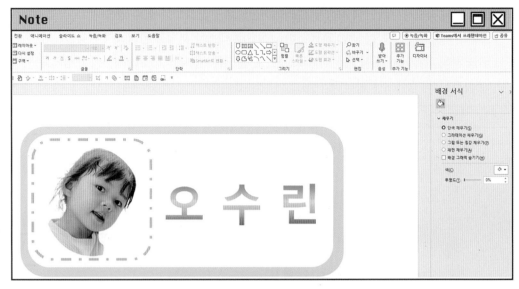

- 위 과정에 따라 이름표 도안을 완성한 모습입니다.
- 기타 다양한 디자인의 이름표 등의 도안을 만드는 과정은 영상을 통해 제공할 예정이니 참고해 주시기 바랍니다.

③ 도형 병합 기능 활용하기

- 도형 병합의 기능에 대해서도 살펴보려고 합니다. 의외로 다양한 기능을 가지고 있으나, 실제 잘 모르고 있어서 활용하지 못하는 경우가 많습니다.
- 본 책에서는 기본 내용을 다루고 영상 등을 통해 활용 예시를 알려드릴 예정입니다.
- 먼저 삽입의 도형 메뉴에서 원하는 모양의 두가지 도형을 선택해 불러옵니다. 예시로 원과 직사각형을 불러왔습니다.

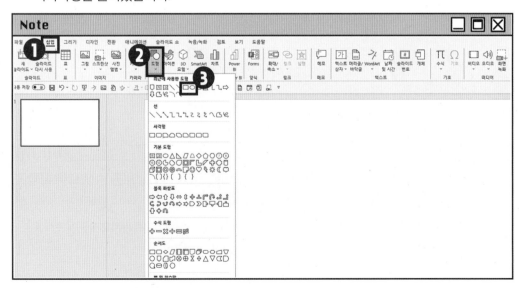

- 원하는 형태로 도형을 겹쳐 둔 후, 도형 서식의 메뉴를 클릭합니다.
- 왼쪽의 메뉴 중 하단에 있는 도형 병합을 클릭합니다.

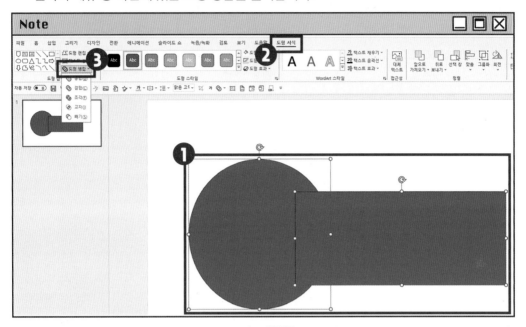

- 두개 이상의 도형(요소)을 함께 선택할 때에는 **Ctrl** 을 누른 후 각각의 도형을 모두 선택합니다.
- 도형 병합의 가장 상단의 통합을 누르면 하나의 도형으로 변경됩니다. 파워포인트 프로그램에서 제공하는 도형중에 내가 사용하고자 하는 도형이 없어서 새로운 도형을 만들어야 할 때 사용하면 좋습니다.

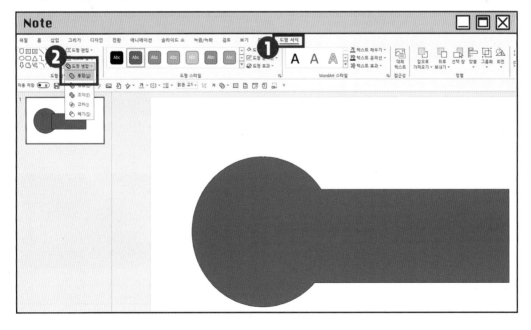

• 파워포인트 활용편 •

- **Ctrl**을 누른 후 두 개의 도형을 모두 선택합니다.
- 도형 병합의 두 번째 결합을 선택하게 되면 두 도형의 겹치는 부분을 제외한 모양으로 변경 됩니다.

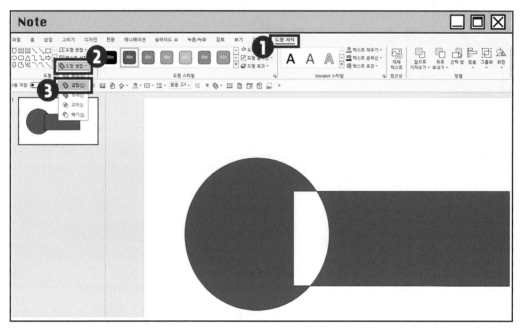

- 도형을 모두 선택한 후, 도형 병합의 세 번째 기능인 조각을 클릭하면 도형이 갈라지는 모든 부분이 조각이 되어 따로 구성하거나 재배치 할 수 있습니다.

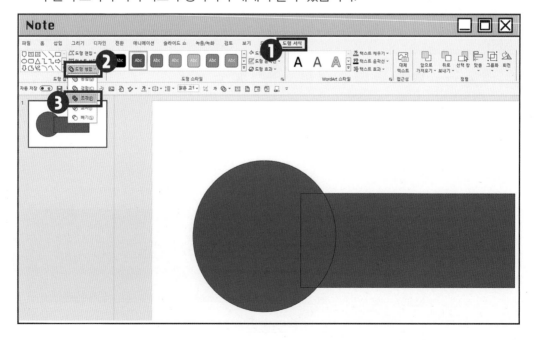

- 조각을 선택하여 기존의 도형이 조각화가 되었다면, 원하는 조각의 위에 마우스를 대고 더블클릭을 한 후, 위치를 이동시키면 아래와 같은 구조의 각각의 조각의 형태로 변형됩니다.
- 퍼즐 조각 등을 만들 때 사용할 수 있습니다.

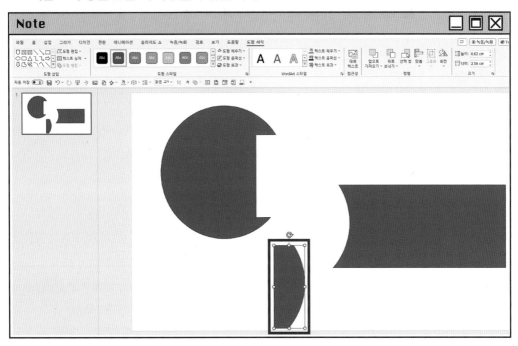

- 도형 병합의 네 번째 기능인 교차를 선택하면 겹쳐지는 부분을 제외한 모양이 제거 됩니다.
- 이 역시 파워포인트 프로그램에서 제공하지 않는 새로운 도형을 만들거나 도안을 디자인할 때 활용할 수 있습니다.

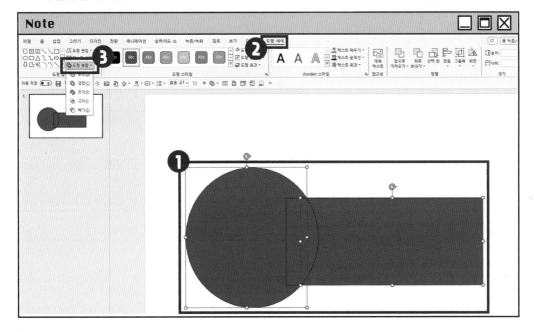

· 파워포인트 활용편 ·

• 교차를 클릭하여 아래와 같이 겹쳐지는 부분만 남았음을 확인할 수 있습니다.

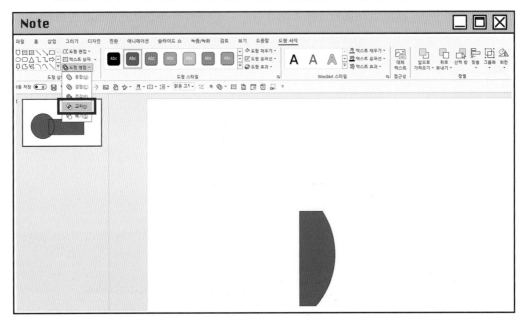

• 마지막으로 도형 병합의 빼기 기능입니다. 남기고자 하는 부분을 먼저 클릭하고 **Ctrl**을 눌러 나머지 도형을 선택합니다.(클릭하는 순서에 따라 결과값이 다르니 유의해 주세요.)

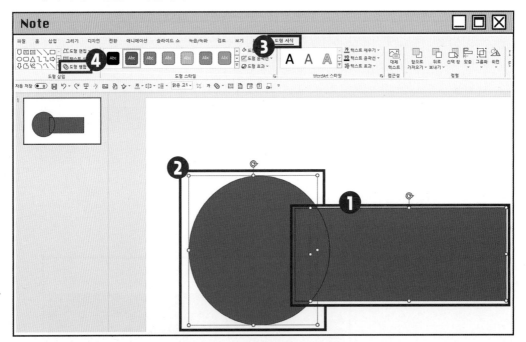

· 그 다음 빼기 버튼을 클릭하면 먼저 선택한 도형과 겹쳐지는 부분을 포함한 모양을 모두 제거할 수 있습니다.

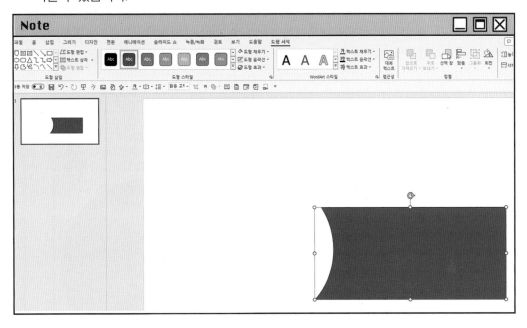

조은쌤's TIP6.

도형 병합 기능 활용하여 도안 만들기

다음은 도형 병합의 빼기를 활용한 도안 작업의 예시입니다. 그 밖의 다양한 예제는 영상 파일로 제공될 수 있습니다.

• 먼저 큰 원과 작은원을 삽입합니다. (삽입 – 도형 – 원 선택) – 두 번 반복

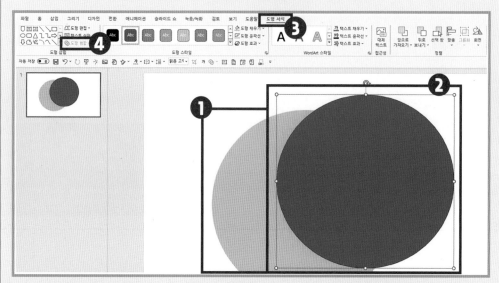

• 그 다음 남기고자 하는 노랑 원을 먼저 클릭하고, 그 다음 파란 원을 클릭한 후, 도형병합의 빼기 버튼을 클릭합니다.

• 그럼 아래의 그림과 같이 먼저 클릭했던 원에서 파란 원의 부분이 제거된 초승달 모양의 그림이 완성됩니다.

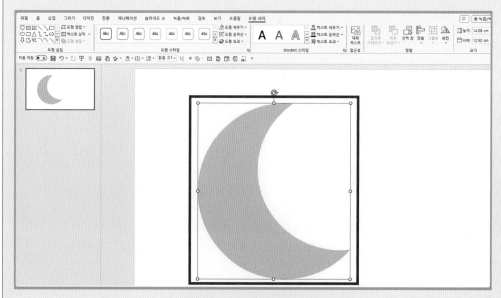

- 삽입 메뉴에서 아이콘을 선택하여 스톡 이미지로 이동한 후, 토끼 아이콘을 삽입합니다.

- 삽입 메뉴에서 텍스트 상자를 선택하여 원하는 문구를 삽입합니다.

- 아래와 같이 달토끼 옆에 인사하는 내용의 텍스트를 입력하였습니다.

파워포인트 활용편

153

④ 애니메이션 활용하기

- 위의 이미지처럼 고정된 형식으로 저장할 수도 있지만, 이야기를 나누거나 함께 자료를 보는 경우, 움직임이 있다면 더 좋겠지요?
- 파워포인트 프로그램의 강점 중 하나인 애니메이션을 설정해 보겠습니다.
- 파워포인트에서는 애니메이션의 기능도 상당히 다양하게 구성이 되어 있습니다.
- 애니메이션(동작)을 원하는 이미지, 모양, 아이콘, 텍스트를 선택합니다.
- 그 다음 메인 메뉴의 애니메이션을 선택하여 다양한 동작 중 원하는 형태의 애니메이션을 선택합니다.
- 이 때에도 마찬가지로 아래 꺽새를 눌러 더 다양한 애니메이션 기능을 사용할 수 있습니다.

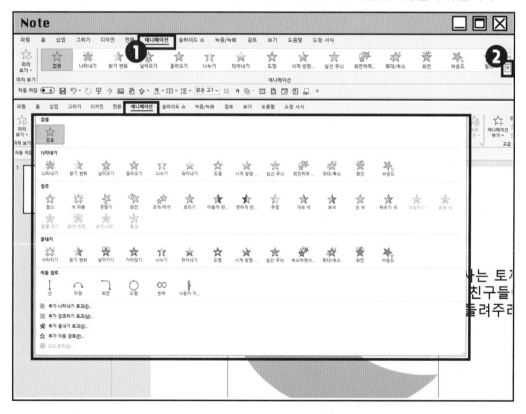

- 저장하기 전, 애니메이션이 잘 설정되었는지 확인하고 싶을 때에는, 우측의 애니메이션 설정 창을 통해 재생 시작을 눌러 파일을 저장하기 전 애니메이션을 테스트 할 수 있습니다.

- 애니메이션이 나타나는 순서나 효과 등을 변경할 때에도 애니메이션 창에서 해당 애니메이션을 선택하여 위치를 조정하거나 효과를 재선택하면 됩니다.

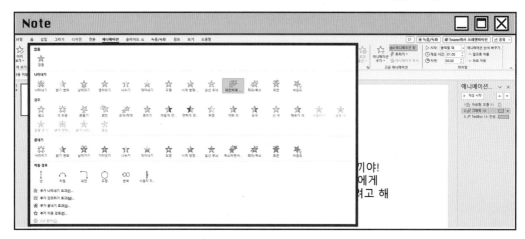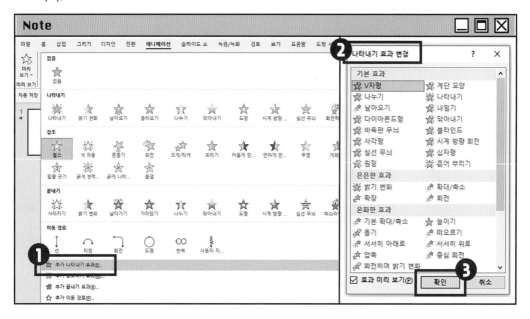

• 아래의 그림은 애니메이션의 아래 꺽새를 클릭해 더 다양한 기능을 펼친 모습입니다.

• 기본 애니메이션 기능외에도 하단의 이동 경로, 추가 나타내기 등의 효과도 사용할 수 있습니다.

그 외 다양한 기능과 샘플 예제는 조은쌤유튜브의 영상으로 업로드 될 예정입니다.
네이버 지혜쌤 카페의 [디지털활용능력 구매 후기] 게시판에 후기를 작성해 주시는 경우, 영상
과 예제 파일을 함께 보내드릴 예정이니 많은 관심 부탁드립니다.

PPT꿀팁1. 텍스트 상자 만들 때마다 번거롭게 폰트 변경하지 않는 방법

파워포인트 작업을 할 때에 삽입의 텍스트 상자를 눌러 한글 등의 내용을 입력하게 되는데, 파워포인트에서는 기본적으로 맑은 고딕이라는 폰트가 설정되어 있습니다.

- 위의 그림과 같이 안녕하세요라는 문구(좌)를 나눔스퀘어체로 변경하였으나, 새로 텍스트 상자를 열어 글자를 입력하니 다시 위의 이미지 빨강색 박스안의 글자처럼 다시 맑은 고딕 폰체로 작성이 됩니다.
- 이 때에 매번 폰트와 크기 등을 변경하는 것이 번거롭다면 오른쪽과 같은 방법을 사용해 보세요.
- 원하는 글자체로 변경한 텍스트 상자에 커서를 두고, 마우스 우클릭을 한 후, 하단의 기본 텍스트 상자로 설정을 선택해 주세요.

- 그럼 다음과 같이 새로 텍스트 상자를 삽입하여 글을 작성하였을 때, 가운데와 같이 맑은 고딕(기본 설정되었던) 글자체가 아닌, 방금 지정한 나눔스퀘어 글자체로 변경되어 작성되는 것을 확인할 수 있습니다.

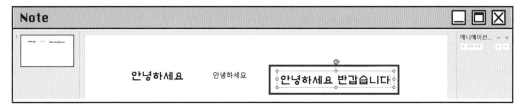

📢 PPT꿀팁2. 원하는 글자체로 바꾸기

파워포인트 작업을 하다가 글꼴을 바꾸고 싶을 때, 일일이 드래그 하지 않아도 변경할 수 있는 방법을 살펴보겠습니다.

• 해당 텍스트 상자를 선택하고, 기본 메뉴 우측의 바꾸기 - 글꼴 바꾸기를 선택합니다.

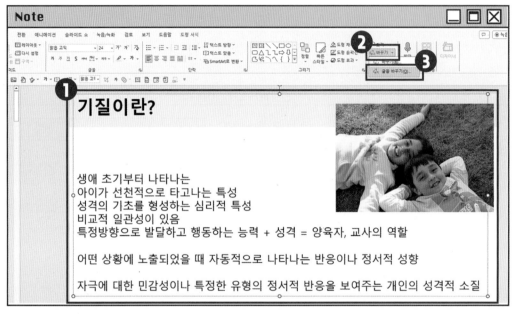

• 글꼴 바꾸기 창에서 현재 글꼴을 확인한 후, 아래의 새 글꼴 메뉴에서 원하는 형식으로 지정한 후, 바꾸기를 선택해 주세요.

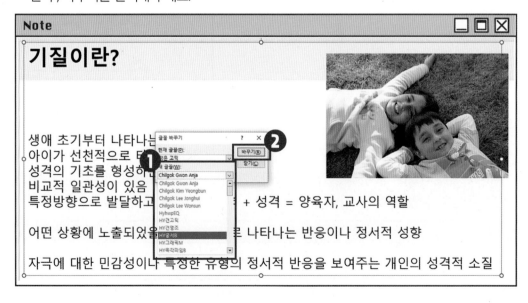

• 아래의 그림과 같이 글꼴이 지정한 글꼴로 변경된 것을 확인할 수 있습니다.

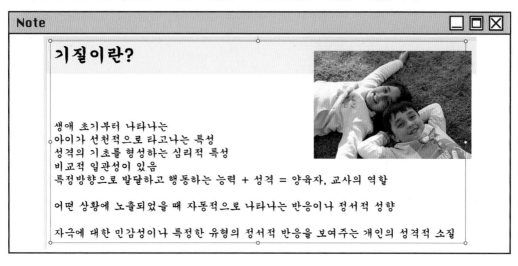

🔊 PPT꿀팁3. 글 머리 기호 바꾸기

파워 포인트 작업을 할 때 보기 쉽도록 각 내용을 숫자나 기호로 구분하는 경우가 많습니다.

• 우선 글 머리를 넣을 텍스트를 드래그 한 후, 슬라이드 상단의 메뉴에서 중간의 글머리 기호
를 선택합니다.

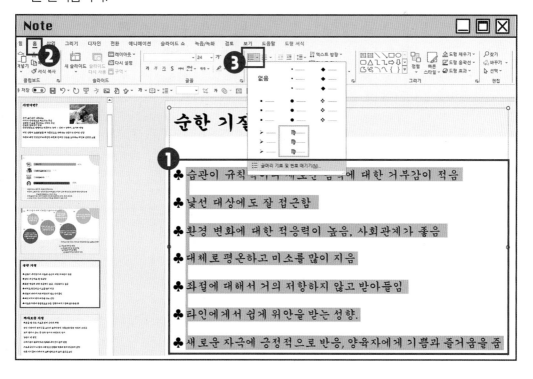

• 글머리 기호 및 번호 매기기 창이 나타나면 하단의 사용자 지정을 클릭합니다.

• 기호의 하위 집합에서 원하는 형태의 카테고리를 선택한 후, 기호를 클릭하고 확인 버튼을 눌러줍니다.

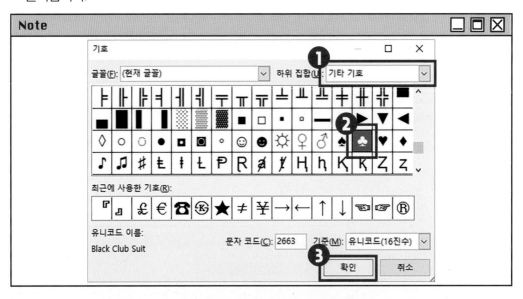

• 아래와 같이 글머리가 선택한 클로버 모양의 글 머리기호로 변경되는 것을 확인할 수 있습니다.

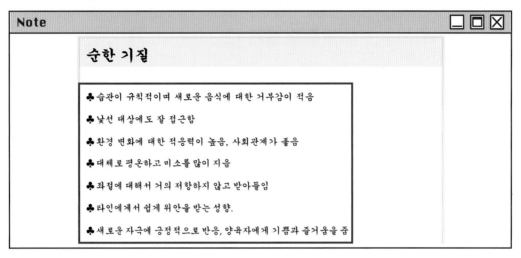

PPT꿀팁4. 여백없이 인쇄하기

파워포인트 문서를 인쇄할 때 용지의 여백을 줄이고 싶은 경우가 있습니다. 이 때에 어떻게 하면 되는지 방법을 알아보겠습니다.

• 기본 설정 상태에서 인쇄를 진행하게 되면 A4용지에 다음과 같이 여백이 생긴 채 출력이 됩니다.

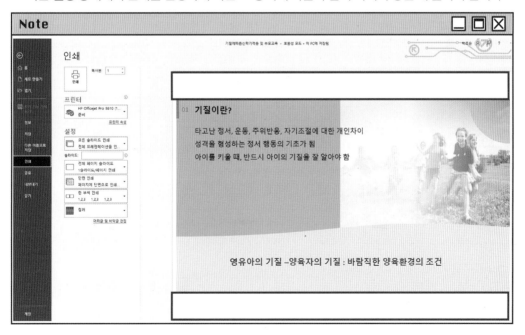

- 슬라이드 크기 창에서 크기를 A4로 설정한 후, 슬라이드의 방향을 확인한 다음 최대화와 맞춤화 중 필요에 따라 선택하여 확인 버튼을 눌러줍니다.

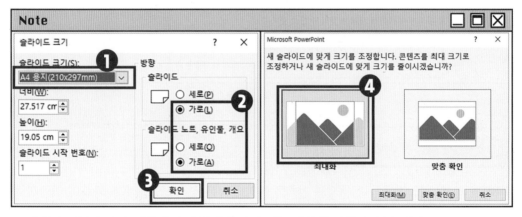

- 아래의 그림과 같이 여백이 거의 없이 출력이 되는 것을 확인할 수 있습니다.
- 슬라이드 내용의 디자인에 따라 교재와 다르게 나타나는 경우가 있습니다. 또 다른 방법의 여백없이 출력하는 방법 예시는 영상으로 업로드해 드리겠습니다.

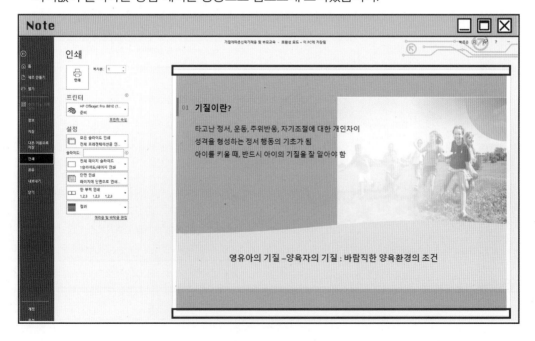

PPT꿀팁5. 글머리와 글자 사이 간격 조정하기

• 파워포인트에 글머리 기호를 넣고 텍스트를 입력하였을 때, 텍스트와 글머리 기호의 사이가
너무 좁거나 넓다면 눈금자를 이용해 사이 간격을 조절할 수 있습니다.

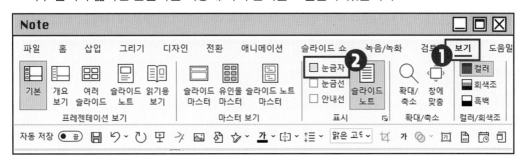

• 간격을 조정하고자 하는 텍스트를 드래그하거나, 커서를 이동하여 준 후, 눈금자를 원하는 위
치로 이동하면 간격이 변경됩니다.

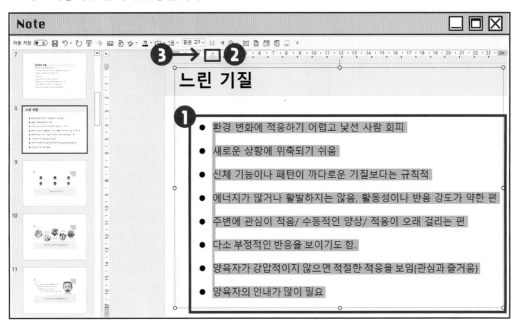

파워포인트 활용편

PPT꿀팁6. 슬라이드에 같은 크기의 사진(이미지)으로 삽입하는 방법

파워포인트 작업을 할 때에 이미지를 많이 사용하게 되는데, 매번 다른 크기의 이미지를 삽입한 후, 다시 불러온 이미지를 같은 크기로 자르거나 편집하는 일이 번거로울 수 있습니다. 불러올 사진들을 같은 크기의 사진으로 바로 삽입을 하고 싶을 때 아래의 방법을 사용해 보세요.

• 가장 먼저 이미지를 원하는 사이즈로 바꾼 후, 필요한 개수만큼 복사해서 정렬을 합니다.

• 그 다음 삽입하고자 하는 이미지에 커서를 두고 마우스 우클릭을 하여 그림 바꾸기-이 디바이스 (혹은 필요한 위치 선택)을 하여 이미지를 불러오면 같은 크기의 사진으로 자동 삽입이 됩니다.

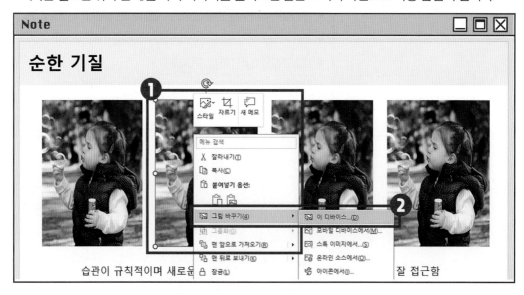

• 아래와 같이 동일한 방법을 반복하여 빠르게 같은 크기의 이미지 4장을 삽입하였습니다.

Note ☐ ☐ ☒

순한 기질

습관이 규칙적이며 새로운 음식에 대한 거부감이 적음/ 낯선 대상에도 잘 접근함

환경 변화에 대한 적응력이 높음, 사회관계가 좋음

대체로 평온하고 미소를 많이 지음

좌절에 대해서 거의 저항하지 않고 받아들임 / 타인에게서 쉽게 위안을 받는 성향.

새로운 자극에 긍정적으로 반응, 양육자에게 기쁨과 즐거움을 줌

PPT꿀팁6. 파워포인트 단축키

기능	단축키
서식 복사하기	Ctrl + Shift + C
되돌리기	Ctrl + Y
확대/ 축소	Ctrl + 마우스 휠
슬라이드 쇼 보기	F5 (현재 슬라이드부터 보기 : Shift + F5)
그룹화 하기	Ctrl + G
그룹화 해제 하기	Ctrl + Shift + G
글자 입력하기	마우스 두 번 클릭 혹은 F2
복수 선택	Shith + 개체 클릭
텍스트 가운데 정렬	Ctrl + E

조은쌤's TIP7.

그 밖의 기본 단축키 및 윈도우프로그램 단축키

기능	단축키
복사하기	Ctrl + C
붙여넣기	Ctrl + V
잘라내기	Ctrl + X
실행취소	Ctrl + Z
저장하기	Ctrl + S
다른 이름으로 저장하기	F12
모두 선택	Ctrl + A
작업 창 닫기	Ctrl + W
바탕화면 바로 가기	win + D (작업 창 최소화)
파일 탐색기	win + E

파워포인트 예제1. 안내문 만들기

기관에서 교육한 내용에 대한 안내자료를 만들어 보겠습니다.

• 먼저 삽입메뉴에서 도형을 선택하여 제목을 입력할 사각형을 삽입합니다.

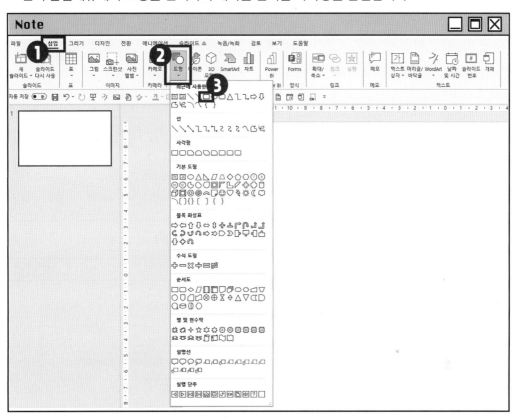

• 사각형 안에 텍스트를 입력합니다.

• 텍스트가 있는 창에서 마우스 우클릭을 하거나, 텍스트를 드래그 한 후, 마우스 우클릭을 하여 텍스트 효과 서식을 선택하여 줍니다.

• 텍스트 옵션에서 그라데이션 채우기를 선택하여 텍스트의 서식을 설정합니다.

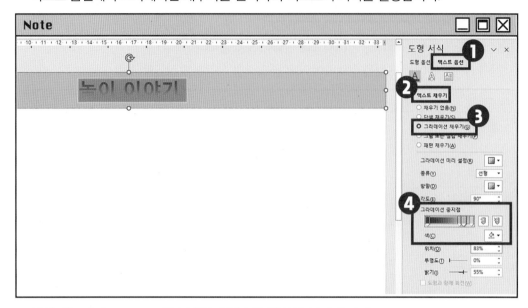

• 삽입 메뉴에서 Smart Art를 선택하여 필요한 형식을 불러 옵니다.

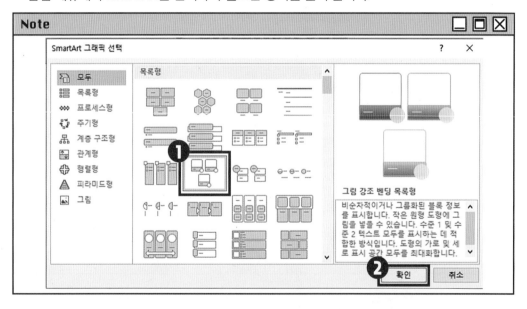

- Smart Art의 크기와 위치 등을 조정한 후, 사진을 삽입할 공간에 마우스 우클릭을 하여 채우기-그림을 눌러줍니다.
- PC에 저장한 사진을 삽입합니다.

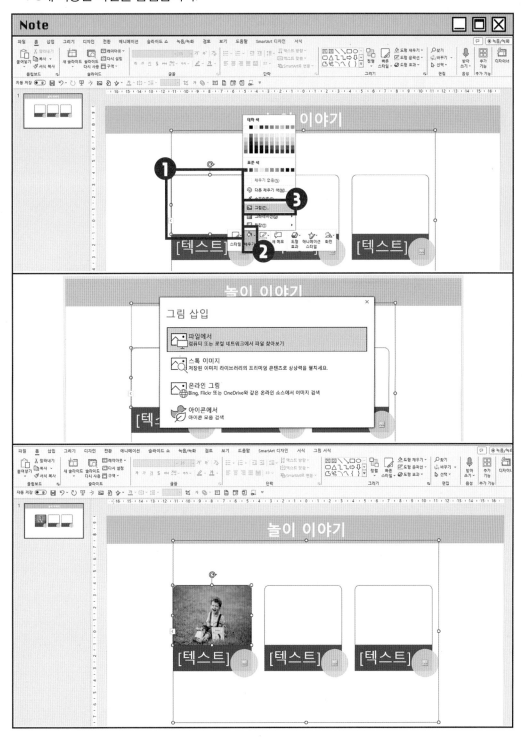

파워포인트 활용편

- 아이콘을 선택하여 스톡이미지를 클릭한 후, 필요한 요소를 검색하여 삽입합니다.
- 메뉴의 그래픽 형식에서 삽입한 아이콘의 색 등을 변경합니다.
- Smart Art 아래에 위와 동일한 방식으로 놀이(학습) 내용을 작성할 도형을 삽입합니다.
- 도형의 외곽선, 색 등을 설정한 후, 텍스트를 입력합니다.

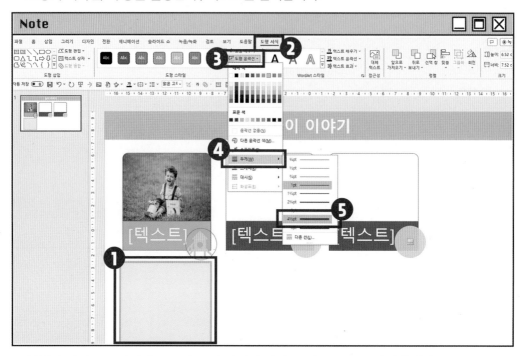

- 동일한 방식으로 나머지 Smart Art의 사진과 아이콘, 텍스트 등을 삽입합니다.

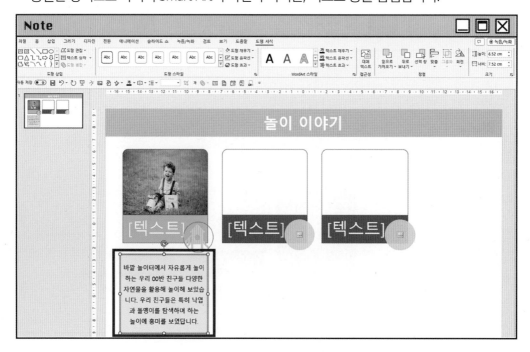

- 슬라이드의 배경에서 마우스 우클릭을 하여 배경서식을 선택합니다.
- 배경서식으로 지정할 색 혹은 패턴 등을 선택하여 줍니다. 예제에서는 그라데이션 채우기를 선택하여 중지점을 2개로 줄이고, 색을 변경해 그라데이션 배경으로 작업하였습니다.

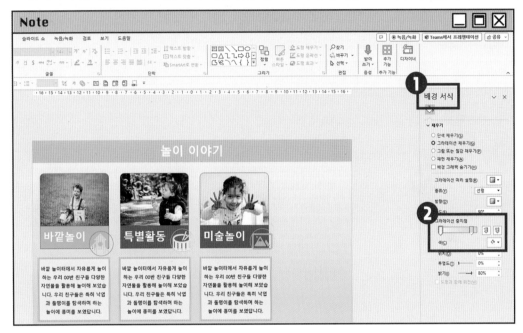

- 나머지 공간에 전체적인 내용을 정리할 도형을 삽입한 후, 외곽선, 색 등을 선택하고 텍스트를 입력합니다.
- 필요하다면 전체 놀이 사진 등을 복사-붙여넣기 하여 위치를 조정하여 줍니다.

파워포인트 활용편

파워포인트 예제2. 활동지 만들기

- 활동지를 만들기 위해 디자인 서식을 A4로 설정한 후, 도형을 삽입해 제목을 넣을 도형을 배치합니다.
- 삽입의 그림-스톡이미지를 선택하여 필요한 요소를 삽입합니다.

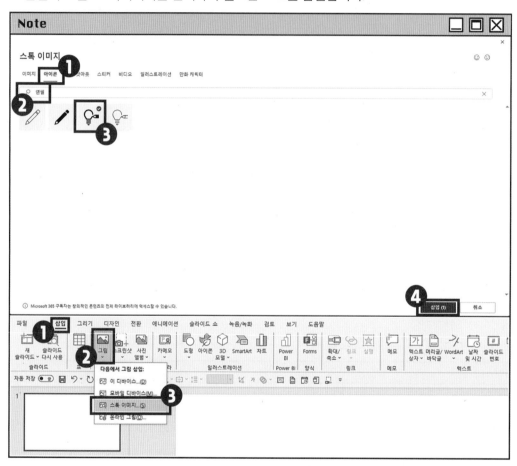

- 그래픽 요소 메뉴에서 색과 외곽선 등을 설정합니다.
- 텍스트를 삽입하여 활동지의 제목을 입력한 후, 삽입한 도형과 아이콘, 텍스트의 위치를 조정합니다.

- 삽입의 그림에서 온라인그림을 선택합니다.
- 검색창에서 필요한 그림의 키워드를 입력하여 원하는 이미지를 삽입합니다.

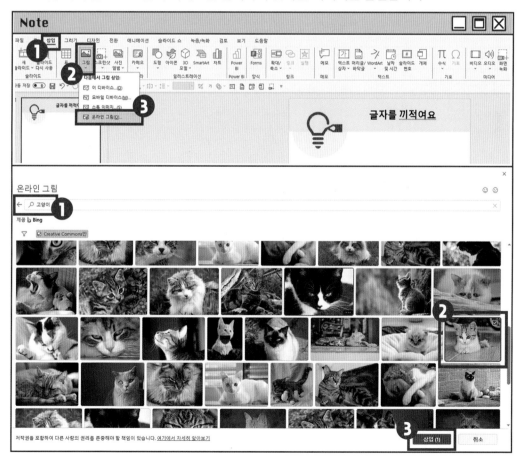

- 불러온 이미지를 자르기 및 위치 조정 등을 한 후, 그림서식 메뉴에서 그림서식 메뉴에서 이 미지의 테두리를 선택하여 줍니다.

- 삽입의 표를 선택하여 필요한 글자수 만큼 표를 만들어 줍니다.
- 삽입된 표의 위치, 색 등을 조절하여 배치합니다.

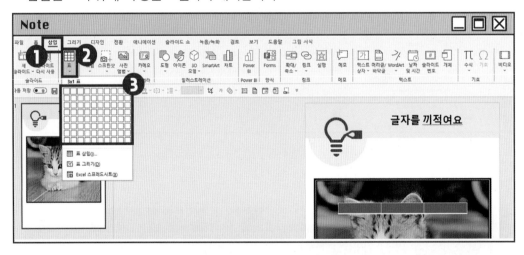

- 메뉴의 테이블 디자인에서 표의 음영, 테두리 등을 선택하면 됩니다.

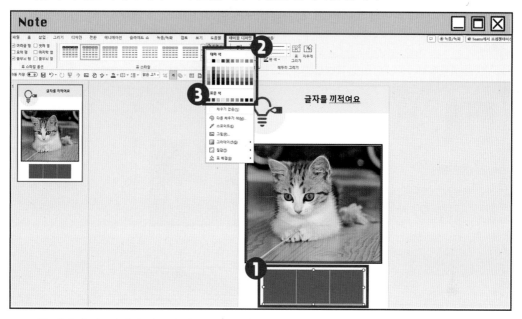

- 표를 선택한 후, 상단의 메뉴에서 글 정렬 설정 메뉴로 이동하여 가운데 정렬로 맞추어 줍니다.
- 표 안에 필요한 텍스트를 삽입합니다.
- 텍스트를 입력한 후에도 텍스트를 드래그한 후, 텍스트 맞춤 메뉴에서 중간 위치로 설정하는 버튼을 선택하여 텍스트의 위치를 조정할 수 있습니다.

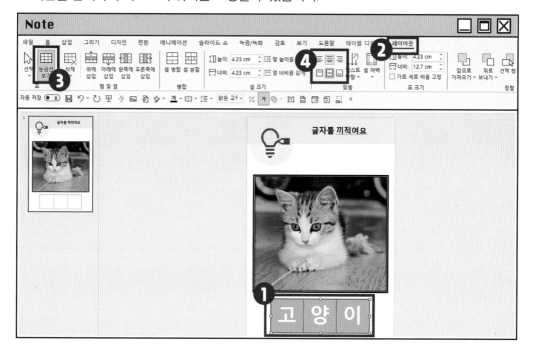

- 활동지의 하단도 알맞은 도형을 삽입한 후, 마우스 우클릭-채우기-그림 혹은 색 등을 지정하여 활동지 전체 도안을 확인한 후, 작업을 마무리 합니다.

- 배경 서식을 선택하여 단색으로 채워주었습니다.
- 도형과 그림 삽입 등으로 간단하게 활동지를 만들어 보았습니다.

memo

이 외에도 궁금한 기능이 있거나, 필요한 예제 서식이 있다면 네이버 지혜쌤 카페의
[디지털 활용 능력 UP 후기 이벤트] 게시판에 후기와 함께 구글 폼을 작성해 주세요!

구글폼
바로가기

CHAPTER. 3

기타 유용한 사이트

교육 현장에서 높은 수준의 수업, 활동자료, 교재 등을 준비하는 작업에 활용하기 좋은 유용한 사이트를 소개하고자 합니다. 각 사이트 외에도 여러 종류의 프로그램 및 사이트가 있겠지만, 현장에서 작업할 때 활용도도 높고, 이용 방법이 보다 수월한 사이트를 추천하고자 합니다.

 ## 배경제거 사이트 - 리무브백그라운드

현장에서 다양한 작업을 하다보면 사진을 활용하는 경우가 많습니다. 이 때에 사진에서 필요한 부분만 살리고 나머지 배경을 제거해야 하는 경우가 있습니다. 특히 아이의 얼굴을 활용한 도안, 배경을 제거하여 피사체만 남기는 작업 등의 활동자료를 만들 때 사용하기 좋은 리무브 백그라운드라는 사이트입니다.

- https://www.remove.bg/ko

- 메인페이지에서 이미지업로드 버튼을 클릭하여 내 PC의 사진을 업로드 하거나, 다른 사이트에서 원하는 사진을 골라 복사 명령을 실행한 상태에서(Ctrl+C) 리무브 백그라운드의 페이지로 이동해 붙여넣기(Ctrl+V)를 실행하면 됩니다.

- 파란색의 이미지 업로드버튼을 클릭하면 다음과 같은 화면이 나옵니다.
- 내 PC에 저장한 파일을 찾아 열기 버튼을 누르면 업로드한 사진의 피사체를 제외한 배경이 자동으로 제거되는 과정이 생성됩니다.

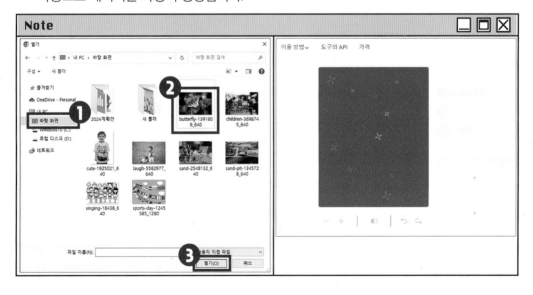

기타유용한사이트

- PC에 있는 사진 파일이 아닌 사이트에서 검색하다 발견한 사진이 마음에 들었을 경우, 원하는 이미지를 복사한 후(**Ctrl+c**), 붙여넣기(**Ctrl+v**)를 실행해도 배경을 제거할 수 있습니다.
- 파일을 열기가 번거롭다면 바탕화면의 파일을 홈페이지 화면으로 드래그 하여 배경을 제거할 수도 있습니다.
- 파일을 업로드 하였더니 아래와 같이 왼쪽의 이미지의 배경이 제거되어, 오른쪽의 이미지로 변경된 것을 확인할 수 있습니다.

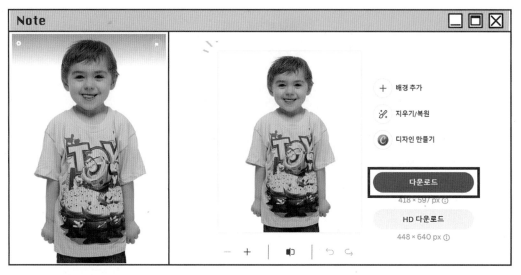

- 1차 작업이 된 사진이 마음에 든다면 그대로 다운로드를 하거나 복사를 해서 원하는 프로그램으로 이동하여 사용할 수 있습니다.
- 배경을 조금 더 제거하거나 수정을 해야 할 경우에는 사진 우측의 지우기/복원 버튼을 선택합니다.

• 다음과 같은 페이지가 나타나면, 브러시 사이즈를 알맞게 조정한 후, 원하는 부분을 삭제 혹은 복원할 수 있도록 드래그를 해서 활성화 하면 됩니다.

• 원하는 만큼 배경이 제거되지 않았을 경우, 혹은 추가로 삭제를 해야 하는 부분이 있을 경우, 배경 우측의 삭제/복구 메뉴를 선택합니다.

• 삭제, 혹은 복구를 클릭한 후, 해당 영역을 드래그 하여 작업을 실행합니다. 이 때에 브러시 사이즈를 조정하여 미세한 작업을 할 수 있습니다.

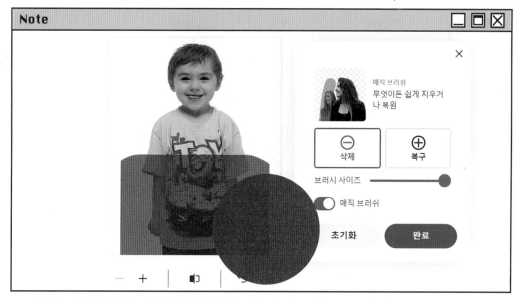

• 원하는 형태의 이미지가 완성되었다면 우측의 완료 버튼을 눌러 내 PC에 저장하여 다양한 용도로 활용합니다.

- 배경이 제거된 이미지에 새로운 배경을 입히고 싶을 경우, 리무브 백그라운드 프로그램에 서 제공하는 배경 이미지에서 골라 사용할 수 있습니다.
- 사진 우측의 배경 추가 버튼을 눌러줍니다.
- 원하는 배경을 선택하면 제거된 배경 대신 새로운 디자인의 배경이 세팅이 됩니다.

- 리무브 백그라운드에서 제공하는 배경이 아닌, 단색의 배경을 입히고 싶은 경우, 파렛트 아 이콘에서 직접 설정을 하거나 제공되는 예시 중에 선택을 하면 됩니다.

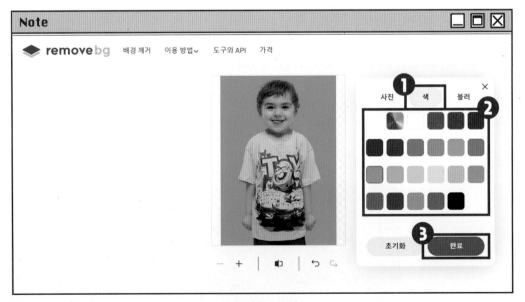

• 색 오른쪽에 위치한 블러 메뉴를 선택하면 사진 뒷 부분을 흐릿하게 변경할 수 있습니다.

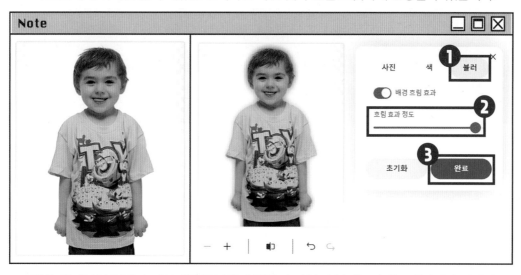

• 간혹 이미지의 전경과 피사체를 구분하지 못하여 작업이 불가능하다는 메시지가 나타날 수 있으니, 유의해 주시기 바랍니다.

🔍 무료 이미지, 일러스트, 영상 제공 사이트-픽사베이

현장에서 다양한 작업을 하다보면 여러 가지 이미지와 일러스트, 배경으로 사용할 만한 영상 등이 필요한 경우가 있습니다. 저작권 염려 없이 무료로 사용할 수 있는 고화질의 컨텐츠를 제공하는 사이트를 소개합니다.

• **https://pixabay.com/ko/**
• 상단의 사이트 주소를 웹페이지의 주소창에 입력하면 아래와 같은 메인 페이지가 나타납니다.
• 검색창에 원하는 키워드를 입력해 다양한 컨텐츠를 사용할 수 있습니다.
• 이 때에 검색 후 나타나는 가장 상단의 이미지 1열은 로열티를 부과하니, 2번째줄 이후의 컨텐츠를 선택하여 사용하시기를 바랍니다.

Note

- 검색창에서 호랑이를 검색합니다. 한글로 입력해도 자동으로 번역되어 이미지 등이 나타나지만, 원하는 스타일이 없을 경우, 영어로 입력하면 더 다양한 컨텐츠를 확인할 수 있습니다.
- 해상도 뿐만 아니라, 다양한 버전의 호랑이의 이미지, 일러스트 등이 고화질의 파일로 검색되는 것을 볼 수 있습니다.
- 이미지 외에도 일러스트, 벡터, 비디오, 음악 및 음향효과, GIF 파일도 찾아볼 수 있습니다.
- 사용하고자 하는 이미지를 클릭한 후, 우측의 저작권 정보를 반드시 확인해 주세요.

Note

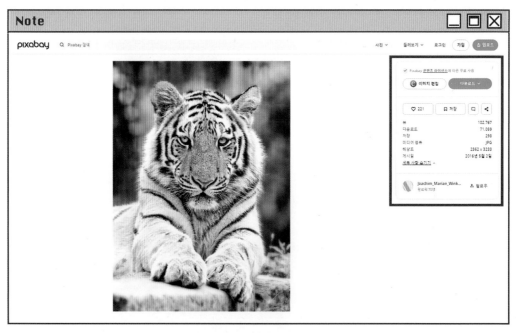

• 원하는 스타일의 이미지를 찾으면 PC에 저장하여 사용하거나 이미지 위에 마우스를 대고
우클릭 하여 복사를 하여 바로 사용할 수도 있습니다.

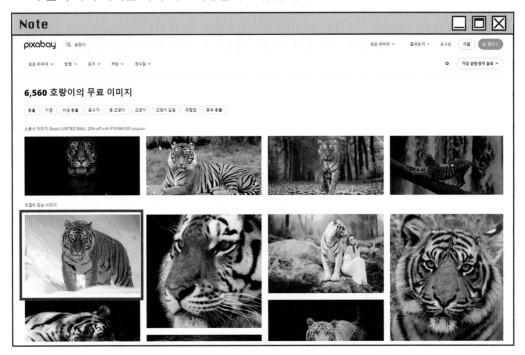

• 복사한 사진을 위에서 소개한 리무브 백그라운드 사이트를 이용해 배경을 다시 한번 제거
하여 사용할 수도 있습니다.

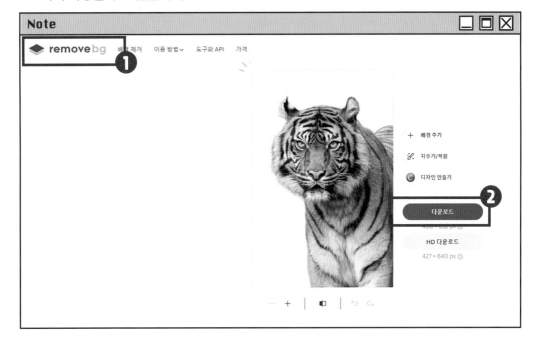

조은쌤's TIP8.

배경을 제거한 이미지를 활용해 파워포인트로 활동지 만들기

• 불필요한 부분을 제거한 호랑이의 사진을 복사하여 붙여넣기를 하거나 PC에 저장하여
파워포인트 프로그램에서 삽입을 한 후, 파워포인트에서 작업을 하는 예시입니다.

• 위의 화면은 리무브 백그라운드 사이트에서 배경을 제거한 후, 별도로 저장하지 않고 바로
파워포인트 슬라이드에 붙여넣기를 한 과정이고, 아래의 화면은 삽입 메뉴에서 PC에
저장된 이미지를 가지고 오는 과정입니다. 결과값은 동일합니다.

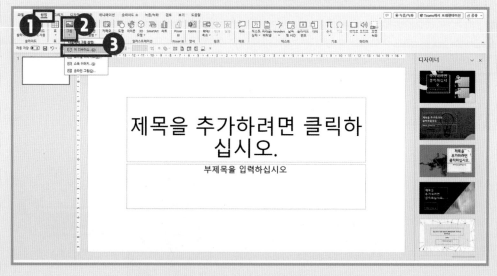

- 삽입을 한 호랑이 이미지를 원하는 곳에 배치한 후, 삽입의 도형을 클릭해 활동 자료의 제목 상자를 만들어 줍니다.

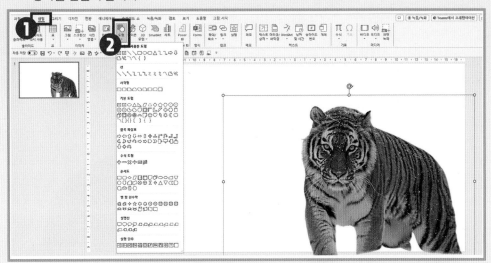

- 도형을 원하는 곳으로 이동시킨 후, 드래그 하여 크기를 조정합니다.

- 그 다음 도형 서식의 메뉴에서 제목을 삽입할 도형의 색과 기타 옵션을 설정합니다.

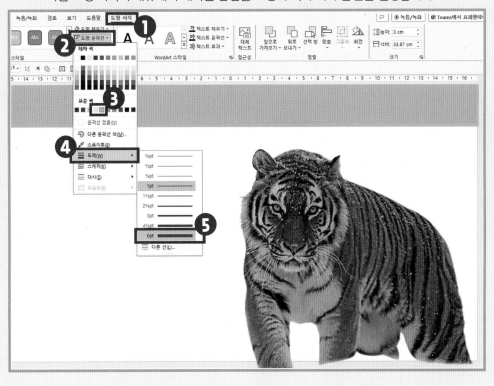

• 외곽선의 색과 두께, 대시, 스케치 등을 선택해 꾸며줍니다.

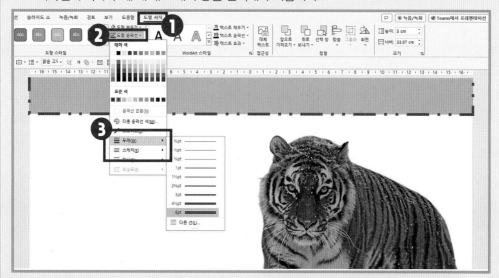

• 도형 안의 커서를 두고 텍스트를 바로 입력하거나, 삽입한 도형 상자안에 텍스트 상자를 삽입하여 원하는 활동 주제의 문구 등을 입력합니다.

• 다양한 도형을 추가 삽입하여 활동 자료의 이름란, 날짜칸 등을 추가할 수 있습니다.

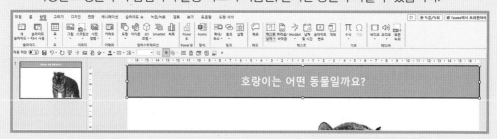

• 그 다음 파워포인트 프로그램에서 사용해 보았던 Smart Art기능을 선택합니다. 원하는 형태의 형식을 불러옵니다. 예제에서 저는 목록형 - 그림 강조 벤딩 목록형 Smart Art를 삽입하였습니다.

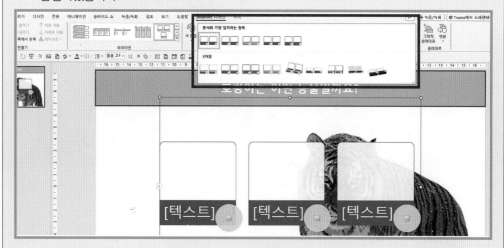

- Smart Art의 크기나 색, 형식 등을 설정하고 원하는 위치에 배치합니다.

- 설정한 Smart Art에 텍스트를 입력하고 원하는 사진을 채우기를 하여 활동 자료를 완성합니다.

- Smart Art의 형식에서 우측 이미지를 클릭하면 해당 공간에 그림이나 스톡이미지, 온라인 그림, 아이콘 등을 채워 넣을 수 있습니다.

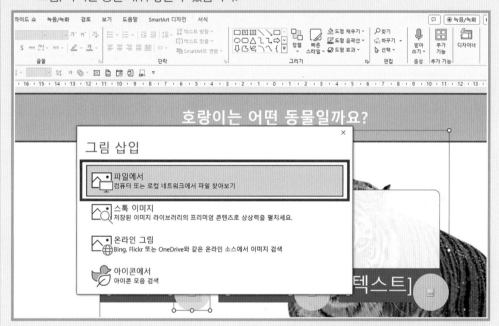

- 이미지 칸에 파워포인트에서 제공하는 온라인 그림에서 적합한 키워드를 검색해 이미지를 불러와 작업하였습니다.

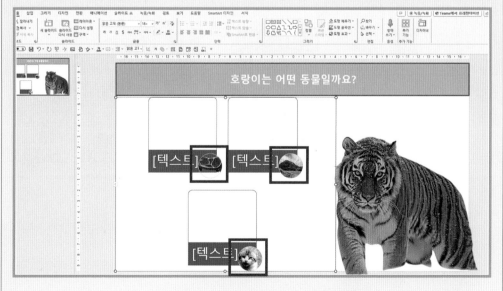

- 작업을 할 때 실수를 했다면 실행 취소 버튼을 눌러 복구할 수도 있지만, 만일의 경우를 대비해 슬라이드 복제를 해두는 것도 도움이 될 수 있습니다.

- Smatr Art의 형식에서 이미지를 채우고 싶은 상자에 마우스를 대고 우클릭을 한 후, 메뉴의 채우기를 선택합니다.

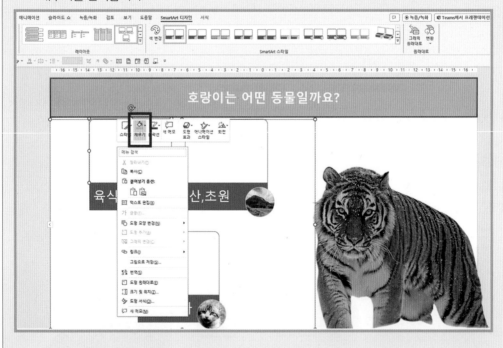

- 그 다음 그림 채우기를 클릭한 후, PC에 저장된 삽입하고자 하는 원하는 이미지를 삽입하면 내가 선택한 상자 안에 이미지가 채워지게 됩니다.

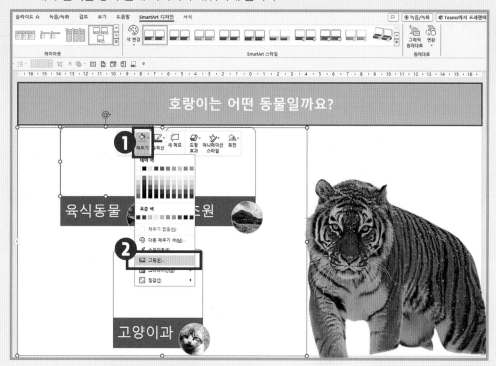

- PC에 저장해 두었던 사진을 채워 넣은 모습입니다.

- 이 외에도 다양한 방법과 사이트를 연계하여 만들 수 있는 형태가 있으니, 조은쌤 유튜브를 참고해 주시기 바랍니다.

- 다시 픽사베이 사이트를 살펴보겠습니다. 이전 내용에서도 이미지를 검색한 결과 화면을 보셨을텐데, 픽사베이에서 검색을 하면 기본적으로 내가 필요한 이미지의 키워드를 검색하면 이미지 위주로 보여지게 됩니다.

- 이때에 검색창의 우측에 모든 이미지 아래 꺽새를 클릭하여 다양한 형태의 컨텐츠를 재검색할 수 있습니다.

- 아래 꺽새를 누르게 되면 사진 외에도 일러스트, 벡터, 비디오, 음악, 음향 효과, GIF 등의 다양한 컨텐츠를 볼 수 있습니다.

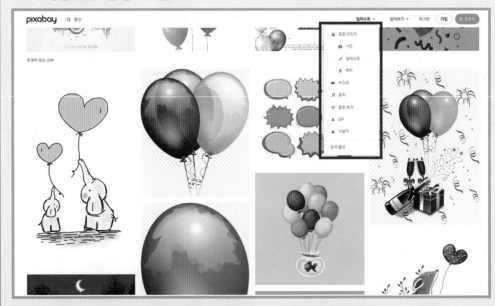

- 다음의 화면은 그 중 일러스트를 선택하여 재검색한 결과입니다. 영상이나 벡터, 음악 등의 컨텐츠도 위와 같은 과정을 통해 재검색할 수 있으니 참고하시기 바랍니다.

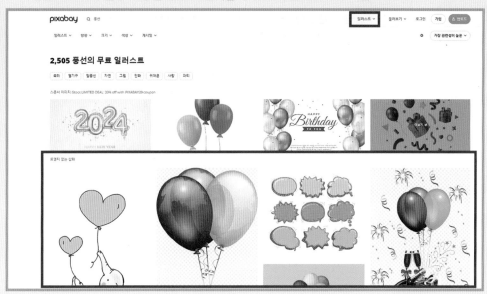

- 또한 검색 전에 메인 화면에서 보고 싶은 카테고리를 미리 설정할 수 있습니다.

기타유용한사이트

- 사진의 가로, 세로의 방향을 미리 설정하거나 색상 등을 선택해 둔 상태로 검색을 하여 보다 쉽게 내가 원하는 스타일의 이미지(컨텐츠)를 걸러서 확인할 수 있습니다.

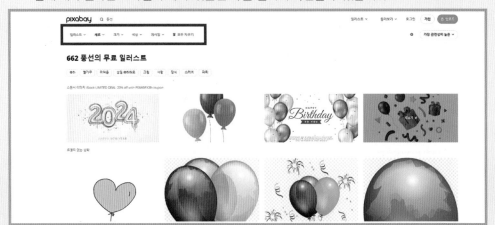

- 색상을 선택할 수 있습니다. 원하는 컬러를 선택한 후 적용을 누르면 선택한 컬러의 컨텐츠만 검색이 됩니다. 다만 검색 결과값이 작아지게 됩니다.

- 색 선택 외에도 배경이 투명한 png 이미지만 따로 검색할 수 있으니 활용해 보시기 바랍니다.

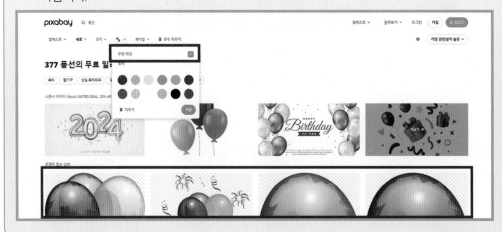

무료 폰트 다운로드 사이트

교육과 관련된 다양한 활동 자료 및 자료를 작업할 때 분위기에 어울리는 폰트가 필요한 경우가 있습니다. 이럴 때 무료 폰트를 제공하는 눈누라는 사이트를 활용해 필요한 서체를 선택해 사용하는 것을 추천합니다.

- **https://noonnu.cc/**

- 메인페이지에서 보여지는 다양한 폰트 중 원하는 것을 선택하거나, 우측 상단의 검색창에서 폰트명을 검색을 합니다.

- 원하는 폰트를 선택하면 폰트 미리보기 및 라이선스 본문 기타 안내 사항을 설명하는 페이지로 이동합니다.
- 내용을 살펴본 후, 상단의 다운로드 페이지로 이동을 클릭합니다.

- 폰트를 제공하는 기관 및 회사의 성격에 따라 기관의 홈페이지 혹은 블로그 포스팅 등으로 연결됩니다.

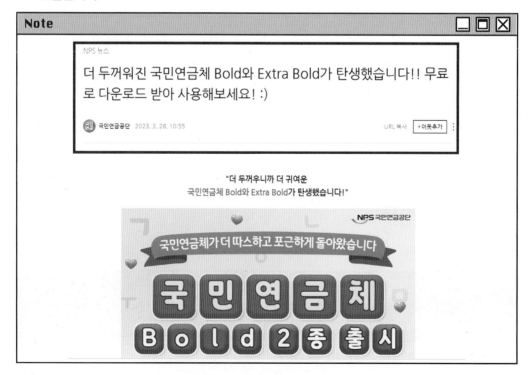

• 사이트를 살펴본 후 다운로드 받는 링크를 찾아 클릭하여 내 PC에 설치합니다.

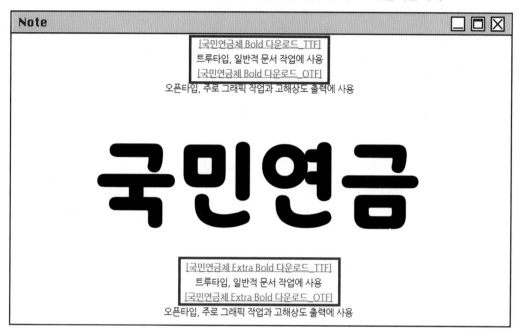

• 내 PC의 다운로드 폴더에서 폰트 파일을 찾아 클릭을 합니다.

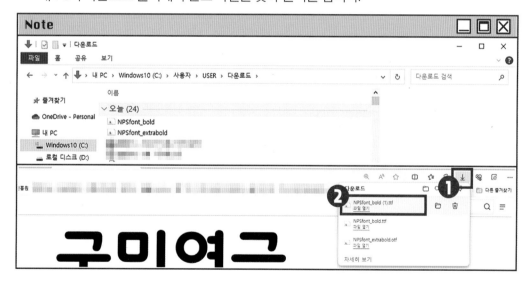

• 다음과 같은 창이 뜨면 설치 버튼을 눌러 내 PC에 설치하면 됩니다.

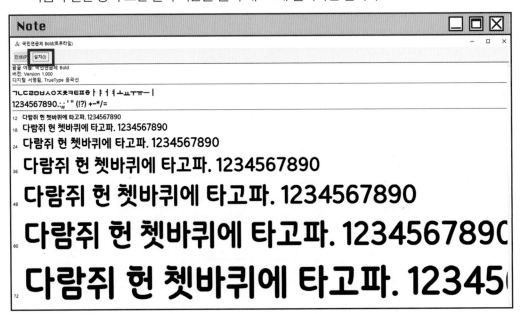

• 내 PC에서 Fonts를 검색하면 설치되어 있는 폰트를 확인할 수 있습니다.

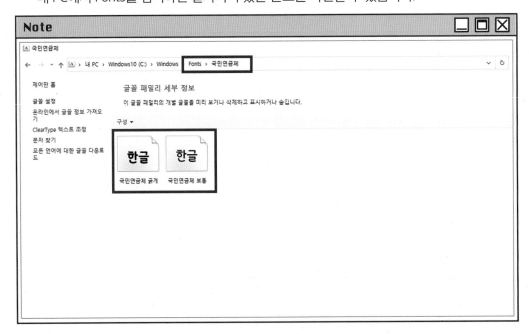

사진에서 불필요한 부분 삭제하는 사이트

앞서 살펴보았던 리무브 백그라운드와 조금은 다른 기능을 가진 유용한 사이트입니다. 사진 작업을 하다 보면 불필요한 부분을 삭제하고 싶을 때가 있습니다.

・ 기 타 유 용 한 사 이 트 ・

- 단체 사진을 촬영했을 때 지나가는 사람이 찍혔거나, 사진에 불필요한 부분이 있어 그 부분만 제거하고 싶을 때, 공간의 일부분 등을 삭제할 때에 사용하는 사이트입니다.
- https://cleanup.pictures/
- 사이트에 접속하면 위와 같은 화면이 나타납니다. 점선으로 되어 있는 네모 상자 안에 파일을 드래그 하면 작업을 시작할 수 있게 됩니다.
- 내 PC에 저장한 사진, 혹은 사용하고자 하는 사진의 일부분을 깔끔하게 삭제할 수 있습니다.
- 사이트에서 제공하는 예제 사진을 활용해 삭제하는 과정을 안내해 드리겠습니다.

• 예제로 제공하는 사진 중 중간에 위치한 테이블이 놓여진 방의 사진을 선택해 보겠습니다.

• 사진을 불러오니 우측과 같이 나타났습니다.
벽면에 부착된 사진 중 빨강색 상자로 체크한 부분
을 삭제해 보겠습니다.

- 삭제하는 방법은 간단합니다. 원하는 위치에 마우스 커서를 갖다 댄 후, 드래그를 합니다.
- 노랑색으로 나타난 부분이 드래그를 한 위치입니다.

- 드래그를 하여 삭제할 부위를 선택한 후, 마우스 버튼에서 손을 떼면 뒤의 배경(원본)과 이질감 없이 선택한 부분만 깔끔하게 삭제된 것을 확인할 수 있습니다.
- 한번에 지워지는 경우가 많지만 그렇지 않을 경우에는 여러번 시도하여 삭제를 하면 됩니다.
- 그림이 있던 위치가 벽면 배경의 색과 동일하게 변하며 이질감 없이 그림 이미지만 제거된 것을 확인할 수 있습니다.

놀이 및 활동 자료의 아이디어 등을 얻을 때

서류 작업을 하거나 디자인을 할 때, 놀이나 교육 활동에 대한 아이디어가 필요할 때 자주 활용하는 사이트 중 하나를 소개합니다.

핀터레스트에서는 세계의 다양한 컨텐츠와 아이디어를 살펴보고 활용할 수 있습니다.

- **https://www.pinterest.co.kr/**
- 메인 페이지에서 필요한 내용을 검색하면 다양한 검색 결과를 나타내어 줍니다. 원하는 내용을 선택하여 활용하면 됩니다.

- 이 때에 다른 사람의 작품을 무단으로 복제, 도용하는 것은 저작권의 문제가 발생할 수 있으므로 각별히 유의해야 합니다.
- 아래의 화면은 봄 환경구성을 검색한 결과입니다. 검색한 결과가 정확한 편이지만, 가끔 다른 내용의 결과를 함께 보여주기도 하니, 그런 경우에는 다양한 키워드로 검색해 보시기 바랍니다.

- 이 때에는 원하는 스타일의 컨텐츠를 선택하면 내가 선택한 것과 유사한 핀을 제공하므로 좀 더 쉽게 간추린 결과를 살펴볼 수 있습니다.

- 사진 우측의 버튼을 선택해 다운로드 하거나 공유, 링크를 전달할 수 있습니다.

- 원하는 사진을 찾으면 바로 사진에 마우스를 대고 우클릭 하여 저장, 복사를 할 수도 있습니다.

- 핀터레스트 사이트에서는 환경 구성, 다양한 게시물, 안내문 등도 찾아볼 수 있으니 다양하게 활용해 보시기 바랍니다.

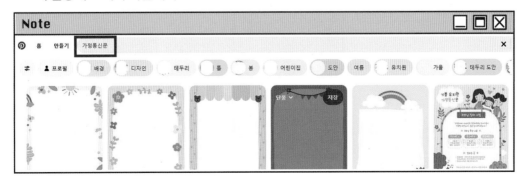

기타유용한사이트

• 그 밖에도 나의 아이디어를 공유하고 싶은 경우에는 상단의 만들기를 클릭합니다.

• 파일을 드래그 하거나 선택하여 업로드를 할 수 있습니다.

아이콘이 필요할 때

교육기관에서는 기호, 도식, 아이콘 등을 자주 활용합니다. 보기에도 깔끔하고 직관적인 이미지는 이해를 높일 수 있습니다. 기관에서 안내판, 표지판, 영역판, 이름표, 도안 등 다양하게 활용할 수 있으니 참고하시기 바랍니다.

- **https://www.flaticon.com/**
- 메인 페이지에서 필요한 내용을 검색하면 다양한 검색 결과를 나타내어 줍니다. 원하는 내용을 검색하여 선택한 후 활용하면 됩니다.

- 검색창에 원하는 키워드를 작성합니다. 기저귀를 검색해 보겠습니다.

기타유용한사이트 ·

205

- 검색한 결과가 나타났습니다. 다양한 모양의 기저귀 아이콘이 보여집니다.
- 원하는 형식의 아이콘을 선택하여 다운로드 받아 활용할 수 있습니다.
- 이 때에도 무단으로 복제, 도용하지 않는 것이 중요하겠습니다.

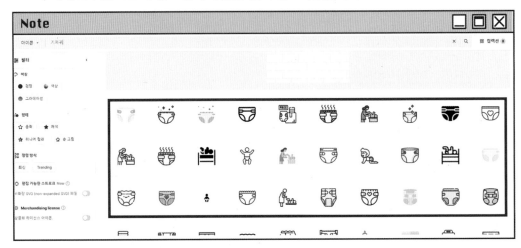

- 원하는 아이콘을 선택하면 다음과 같은 팝업창이 나타납니다. 프리 다운로드를 선택해 내 PC에 다운로드 받거나, 복사하기를 하여 바로 활용할 수도 있습니다.

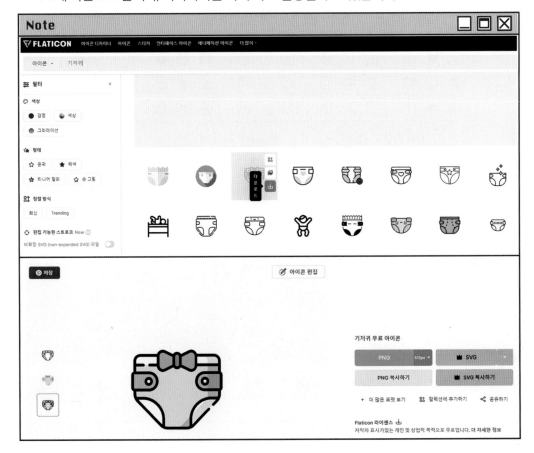

관찰일지와 총평 작성할 때, 상담에 전문적인 자료가 필요할 때

아이들을 교육하는 기관에서는 보다 체계적이고 전문적인 원아(학생)의 관리를 위하여 각 영역 별로 고르게 잘 성장하고 있는지, 학습 및 기타 지원 과정에서 필요한 내용 등을 검토하기 위한 자료가 필요합니다. 특히 영유아 교육기관에서는 매월 영유아의 발달 과정에서 보여지는 행동 특성 등을 기록하고 학기별로 총괄 평가를 작성해야 하는데, 이 부분을 지원하는 사이트가 있어 서 소개하려고 합니다.

우리 아이들이라는 사이트입니다. 해당 사이트에서는 원아의 발달 과정 등에 대한 내용을 매월 직접 작성하고 관리하였던 번거로움을 덜어주고, 디지털화 하여 학기별로 원아의 성장 과정에 대한 분석도 함께 할 수 있어, 교사의 전문성을 도모하는데에도 많은 도움이 될 것 같습니다.

• https://www.ourchildren.co.kr/uriaidle/pc/main/main.php

메인페이지의 우측 메뉴인 이용방법을 클릭하시면 프로그램을 이용하는 방법에 대해 상세하게 작성되어 있습니다.

물론 한글 프로그램 등에서 직접 서식을 만들어 작성할 수도 있지만, 해당 사이트의 프로그램을 이용하면 다양한 예시와 함께 체계적으로 원아(학생)을 관리할 수 있다는 장점이 있습니다.

또한 영역별 원아의 수준을 체크할 수 있고, 그에 따른 교사의 피드백을 작성할 수 있습니다. 관찰한 내용만 작성하는 것보다 행동 발달 관찰을 통해 보여지는 발달 수준을 함께 기록한다면 지원 방향 및 지도 시 유의사항 등에 대해서도 더 구체적으로 계획할 수 있을 것 같습니다.

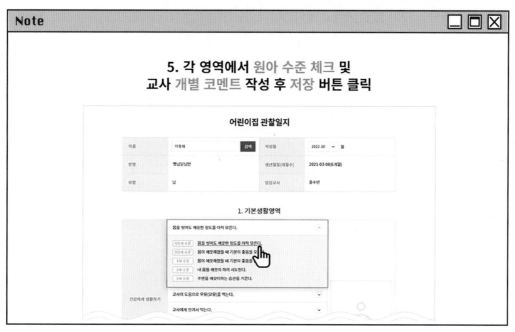

뿐만 아니라 누적된 자료를 분석하여 발달에 대한 통계 그래프를 제공하는 것이 큰 장점으로 보여집니다.

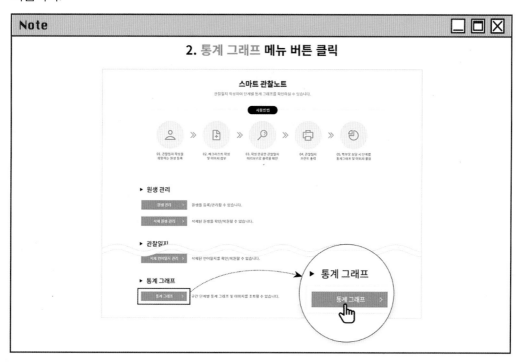

원아 별 통계 그래프를 통해 발달 변화를 분석할 수 있고, 이를 활용해 부모 상담 및 운영 과정 계획 등에 반영을 한다면 더욱 전문적인 교사로서의 성장을 기대해 볼 수 있을 것 같습니다. 이 프로그램은 특히 기관 차원에서 교직원에게 지원을 한다면 기관의 전문성을 학부모에게 보여 줄 수 있는 좋은 도구가 될 것이라고 생각됩니다.

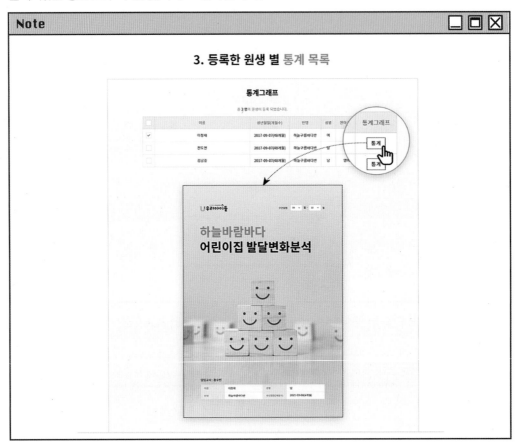

인공지능 AI 활용하기

인공지능, AI 라는 말 들어보셨나요? 앞으로 미래의 주역이 될 우리 아이들을 교육하는 사람으로서 빠르게 변화하는 시대에 발맞추어 AI기능을 활용해 보는 건 어떨까요?

저 역시 교육을 계획하고 준비하거나, 궁금한 내용이 있을 때 자주 사용하는 프로그램입니다. 여러 프로그램이 있지만, 그중에서 챗GPT OPEN AI와 뤼튼 프로그램을 소개하려고 합니다.

프로그램에 앞서 GPT라는 말의 뜻을 살펴볼까요?

Generative Pre-trained Transformer의 약자로 기계학습을 통해 방대한 데이터를 미리 학습하여 사용자가 알고자 하는 내용을 언어로 대답해 주는 AI를 뜻합니다.

- **https://chat.openai.com/**

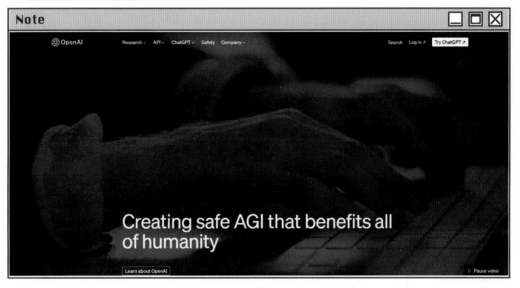

- OPEN AI 사이트에 접속하면 위와 같은 화면이 나오게 됩니다.
- 챗GPT는 OPEN AI 개발사에서 개발한 프로그램으로 대화형 인공지능 서비스입니다.
- 무료버전으로도 충분히 도움을 받을 수 있으니, 꼭 활용해 보시기 바랍니다.

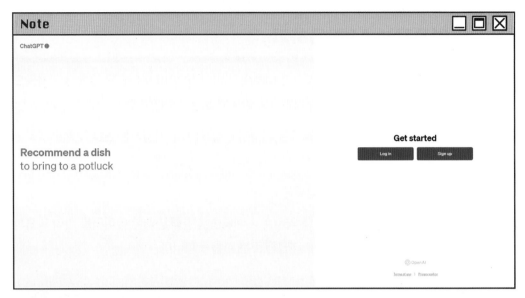

- 구글 아이디로 회원가입을 하여 로그인을 합니다.

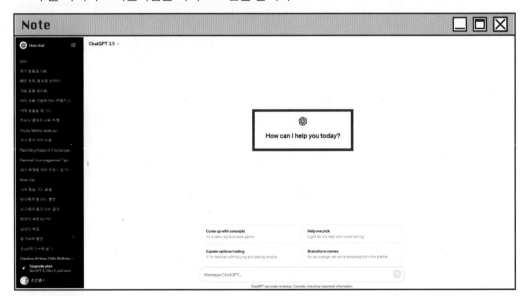

- 로그인을 하면 위와 같은 화면이 나타나며 "How can I help you today?" 라는 질문장이 나타납니다. 하단의 메시지 입력창에 내가 원하는 내용을 구체적으로 질문하면 챗GPT가 질문에 해당하는 답변을 생성해 주게 됩니다.

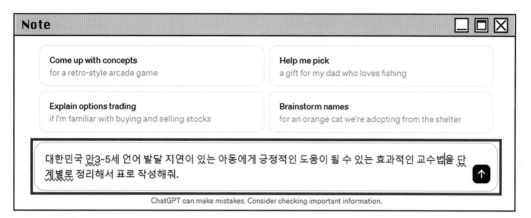

- 질문의 예시입니다.
- 챗GPT 등의 다양한 인공지능과 대화를 할 때에는 보다 구체적인 내용으로 원하는 것을 뾰족하게 질문할 때에 원하는 답변에 더 근접한 답변을 얻을 수 있습니다.

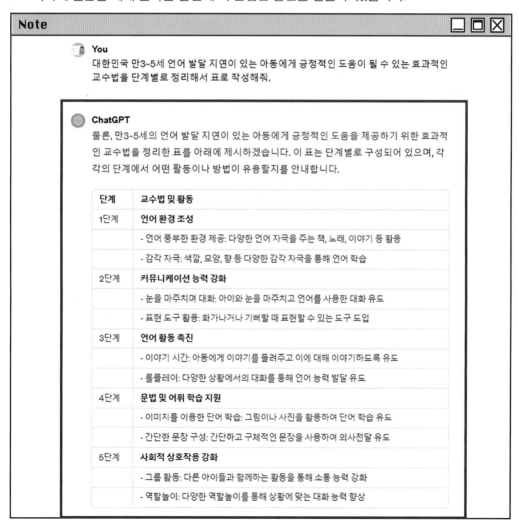

Note

You
대한민국 만3~5세 언어 발달 지연이 있는 아동에게 긍정적인 도움이 될 수 있는 효과적인 교수법을 단계별로 정리해서 표로 작성해줘.

ChatGPT
물론, 만3~5세의 언어 발달 지연이 있는 아동에게 긍정적인 도움을 제공하기 위한 효과적인 교수법을 정리한 표를 아래에 제시하겠습니다. 이 표는 단계별로 구성되어 있으며, 각각의 단계에서 어떤 활동이나 방법이 유용할지를 안내합니다.

단계	교수법 및 활동
1단계	**언어 환경 조성**
	- 언어 풍부한 환경 제공: 다양한 언어 자극을 주는 책, 노래, 이야기 등 활용
	- 감각 자극: 색깔, 모양, 향 등 다양한 감각 자극을 통해 언어 학습
2단계	**커뮤니케이션 능력 강화**
	- 눈을 마주치며 대화: 아이와 눈을 마주치고 언어를 사용한 대화 유도
	- 표현 도구 활용: 화가나거나 기뻐할 때 표현할 수 있는 도구 도입
3단계	**언어 활동 촉진**
	- 이야기 시간: 아동에게 이야기를 들려주고 이에 대해 이야기하도록 유도
	- 롤플레이: 다양한 상황에서의 대화를 통해 언어 능력 발달 유도
4단계	**문법 및 어휘 학습 지원**
	- 이미지를 이용한 단어 학습: 그림이나 사진을 활용하여 단어 학습 유도
	- 간단한 문장 구성: 간단하고 구체적인 문장을 사용하여 의사전달 유도
5단계	**사회적 상호작용 강화**
	- 그룹 활동: 다른 아이들과 함께하는 활동을 통해 소통 능력 강화
	- 역할놀이: 다양한 역할놀이를 통해 상황에 맞는 대화 능력 향상

· 기타유용한사이트 ·

213

- 질문에 대한 답변을 생성해 주었습니다.

- 물론, 챗GPT가 답변해 주는 내용이 100% 정확하다고 볼 수는 없으므로, 질문을 한 후, 사실 여부 등의 정확도에 대한 판단을 할 수 있어야 하겠습니다.

- OPEN AI 사용이 불편하신 경우, 한국에 최적화된 생성 AI서비스인 뤼튼을 이용해보세요.

- 뤼튼은 22억 단어의 한국어 데이터를 바탕으로 학습하여 한국어에 더 최적화된 결과물을 만들어 내고 있습니다.

- 화면 또한 보기도 편하고, 사용법도 쉽게 익힐 수 있습니다.

- https://www.wrtn.ai

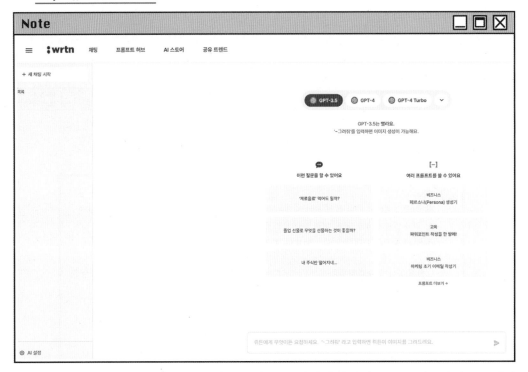

- 뤼튼은 우리나라에서 만든 플랫폼으로 카카오톡, 네이버 아이디 등으로 연동하여 로그인이 가능합니다.

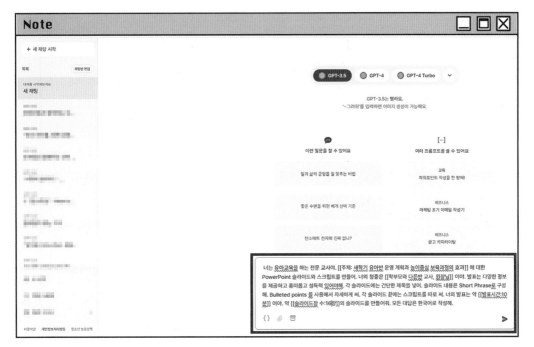

- 뤼튼 역시 수많은 빅데이터를 분석하여 다양한 글을 생성해 내는 기능을 가지고 있어, 사용자가 작성하고자 하는 기본적 정보만 정확히 입력하면 뤼튼이 그에 대한 세부 사항이나 아이디어, 내용 등을 요약, 정리해 주는 기능을 수행할 수 있습니다.

- 사용자와 했던 대화의 맥락을 이해하고 답변을 하기 때문에 사용자가 질문을 하는 경우 이전 질문에 비롯하여 뤼튼이 생성하는 답변이 연속성을 가지게 됩니다.

- 원하는 형식을 질문에 넣어 주세요. 표, 블릿 형태 등으로 작성해 달라고 하면 뤼튼이 뚝딱! 하고 만들어 준답니다. OPEN AI와 마찬가지로 뤼튼이 주는 답변에 대해 신뢰도를 판단하는 것은 사용자의 몫이므로 확인의 절차는 꼭 필요합니다.

Note ☐ ☐ ☒

ⓘ 쥰의 어시스턴트 GPT-3.5

안녕하세요! 유아반 운영 계획과 놀이중심 보육과정의 효과에 대한 PowerPoin
겠습니다. 발표 대상은 학부모, 다른반 교사, 그리고 원장님입니다. 발표는 다양한
있도록 준비하겠습니다. 각 슬라이드에는 간단한 제목을 넣고, 슬라이드 내용은
세한 내용은 Bulleted points로 작성하겠습니다. 발표 시간은 약 10분이며, 총
이제 시작하겠습니다!

Slide 1:

제목: 안녕하세요!

• 안내: 발표 시작 인삿말 및 참석자 소개

Slide 2:

제목: 주제 소개

• 놀이중심 보육과정의 중요성과 효과에 대한 간단한 설명

Slide 3:

제목: 유아반 운영 계획 소개

• 유아반 운영 계획의 목적과 중요성 설명

Slide 4:

제목: 교육 목표

• 놀이중심 보육과정을 통해 달성하고자 하는 교육 목표 설명

Slide 5:

제목: 놀이중심 보육과정의 특징

• 참여와 상호작용, 자율성 존중, 다양한 경험 제공 등에 대한 설명

Slide 6:

제목: 놀이의 역할

• 놀이가 유아의 발달과 학습에 미치는 영향 설명

Slide 7:

제목: 우리의 놀이중심 보육과정

• 우리 유아반의 놀이중심 보육과정 소개

Slide 8:

제목: 주제 1 - 사회성 발달

• 사회적 기술 습득과 협력 능력 향상을 위한 활동 설명

Slide 9:

제목: 주제 2 - 언어 발달

• 언어 습득과 의사소통 능력 향상을 위한 활동 설명

Slide 10:

제목: 주제 3 - 인지 발달

• 문제 해결 능력과 창의성 향상을 위한 활동 설명

Slide 11:

제목: 주제 4 - 신체 발달

• 운동 능력과 건강 관리를 위한 활동 설명

Slide 12:

제목: 평가와 개선 방안

• 유아의 발달을 평가하고 개선하기 위한 방법 소개

뤼튼에게 무엇이든 요청하세요. '-그려줘' 라고 입력하면 뤼튼이 이

• 위의 질문에 대한 답변입니다. 발표 자료에 대한 슬라이드 및 스크립트에 대한 예시를 답변
  으로 제공해 주었습니다.

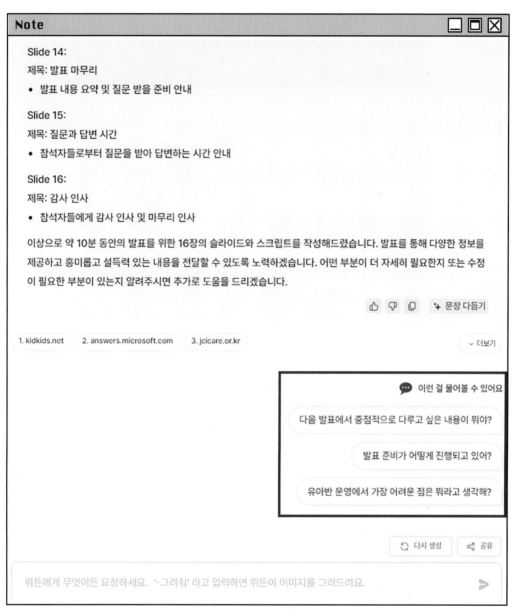

- 답변 후에 뤼튼이 세가지 정도의 새로운 질문의 예시를 주는데, 이 때에 필요한 질문이 있다면 클릭해서 이어지는 답변을 활용하면 됩니다.

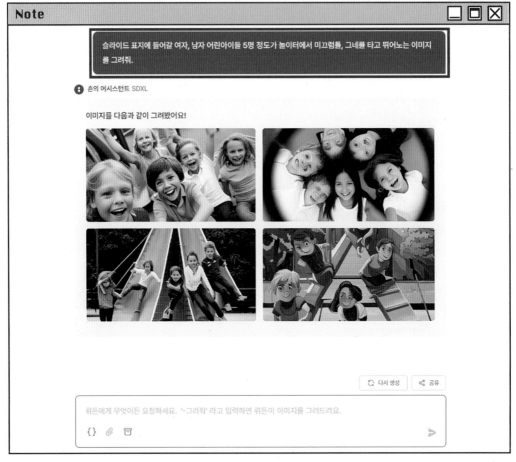

- 뤼튼에도 정말 다양한 기능이 있는데, 이 중 이미지를 생성해 주는 기능은 정말 유용하게 사용할 수 있습니다. 문장의 끝에 "~그려줘" 라고 입력을 하면 질문의 요지를 이해하고 필요한 이미지(일러스트 등)을 새롭게 생성해 주고 있습니다.
- 다양한 방법으로 AI를 활용해 보시기 바랍니다.
- 여러 예시 및 사용 방법 등에 대해서는 유튜브 영상에서 함께 전달해 드리겠습니다.

다양한 템플릿 디자인 활용할 때

현장에서 여러 가지 종류의 교안, 문서, 교육 자료, 행사 자료 등을 만들어야 할 때가 많은데 요즘에는 디자인 플랫폼이 정말 잘 되어 있습니다. 내가 원하는 이미지와 디자인 요소를 사용하여 적재적소에 배치하여 나만의 디자인을 만들 수 있습니다.

다양한 플랫폼 중 캔바라는 사이트를 간략하게 살펴보겠습니다.
(우리 나라 디자인플랫폼인 미리캔버스 사용방법은 다음 챕터에서 다루겠습니다.)

- https://www.canva.com/

- 캔바라는 사이트에 접속하여, 로그인을 하면 위와 같은 화면이 나타납니다.
- 우측 상단의 디자인 만들기를 클릭해 새로 디자인을 하거나, 캔바에서 제공하는 다양한 템플릿을 선택하여 디자인을 재구성 할 수 있습니다.

- 가장 먼저, 내가 작업하고자 하는 디자인의 사이즈를 선택해 주세요.
- 작업을 하다가 사이즈를 변경하면 전체 디자인 요소의 배치나 크기 등이 달라져 다시 작업을 해야 하는 번거로운 일이 있을 수 있습니다.

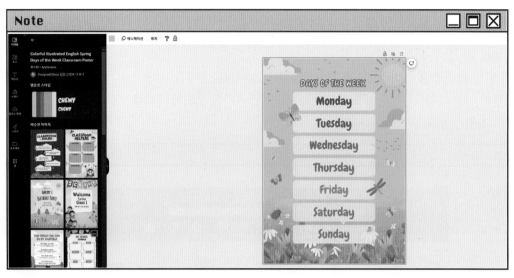

- 가장 상단의 디자인 메뉴의 템플릿 검색창에서 원하는 디자인의 키워드를 검색해 주세요.
- 템플릿 디자인 중 원하는 스타일이 있으면 클릭해서 작업 페이지로 불러와 세부 작업을 하면 됩니다.

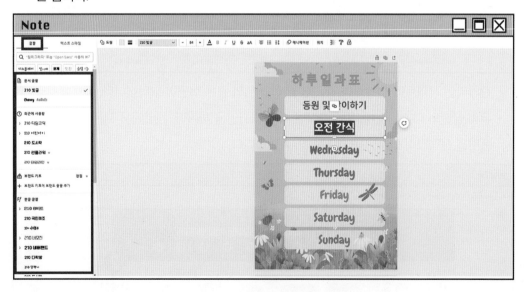

- 한글 글꼴도 제공되므로, 템플릿의 영문을 한글로 바꾸고, 다양한 디자인 요소를 적용하면 됩니다. 도형 등의 색이나 배경 등을 수정하여 새로운 디자인으로 재구성 할 수 있습니다.

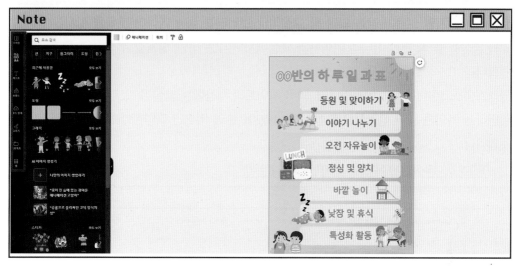

- 좌측 두 번째 메뉴인 요소 메뉴에서는 선, 표, 도형, 사진, 동영상, 오디오, 그래픽, 일러스트, 프레임 등을 제공하고 있습니다.
- 필요한 키워드를 검색하여 찾아보거나, 소메뉴의 더보기를 눌러 메뉴를 탐색하며 원하는 것을 클릭해 작업 페이지로 삽입하면 됩니다.
- 기존에 제공되었던 틀의 나비, 꽃 그림 등은 삭제하고 요소 메뉴에서 다양한 관련 디자인 그래픽, 일러스트 등을 사용하여 새롭게 구성해 보았습니다.

- 망고보드라는 디자인플랫폼도 다양한 디자인과 기능을 제공하고 있어 사용하기 좋아 추천 드립니다.
- https://www.mangoboard.net/
- 각 플랫폼마다 장단점이 있고, 사용자에 따라 편의성이 다를 수 있으므로, 초반에 비교해 보며 나에게 맞는 프로그램을 배워 나가시는 것을 추천합니다.

🔍 교실 모니터를 타이머로 활용하기

요즘에는 디지털 교육이 강화 되며 각 교실마다 모니터를 통해 미디어 교육을 실시할 텐데요. 교육 영상을 볼 때 뿐만 아니라 아이들과 교실에서 지내는 동안, 활용할 수 있는 프로그램을 소개합니다.

클래스룸스크린이라는 사이트입니다. 외국 사이트라 처음에는 낯설 수 있지만, 메뉴 등 기능을 설명하는 아이콘 등이 직관적으로 잘 나타나 있어, 손에 익으면 다양한 용도로 사용하기 좋을 것입니다.

- **https://classroomscreen.com/app/screen/**

- 클래스룸스크린 이라는 사이트에 접속하면 위와 같은 화면이 나타납니다. Try for free 버튼을 클릭해 주세요!

- 클래스룸스크린 사이트에서 제공하는 기본 화면은 접속할 때마다 다르게 나타납니다. 하단 중앙에 위치한 메뉴바를 하나씩 눌러보며 우리 반 교실에 필요한 요소를 활용해 보세요!

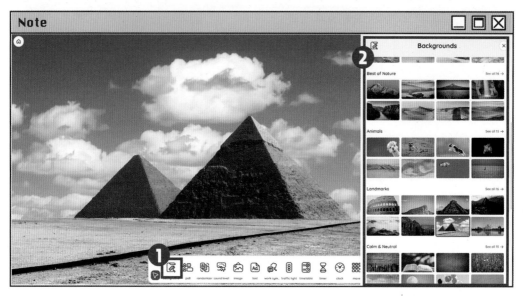

- 우선 배경 화면을 다양하게 변경할 수 있습니다. 매일 같은 화면이 아니라, 새로운 주제의 이미지를 배경으로 해두는 것만으로도 교실 분위기를 환기할 수 있겠지요?

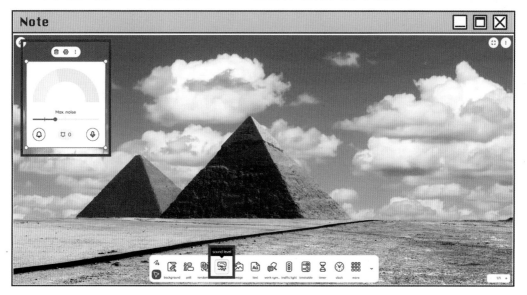

- 우리 반 소음 측정기 기능입니다. 아이들이 놀이하다가 어느샌가 시끄러워 지면 땡! 하고 종 소리가 울리게 됩니다.(마이크를 허용해야 합니다.) 각자 자신의 활동에 조용히 집중해야 할 때 사용하면 재미있을 것 같습니다.

기타유용한사이트

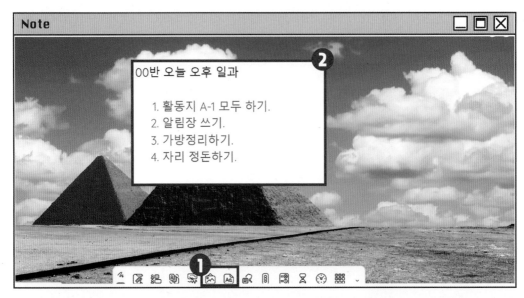

• 우리 반 오늘 일과에 대해 일일이 이야기 하기 않아도 아침에 정리해 주면 좋겠지요? 교사
의 글뿐만 아니라 아이들의 의견을 정리할 수도 있고, 이미지를 업로드해서 함께 볼 수도 있
습니다.

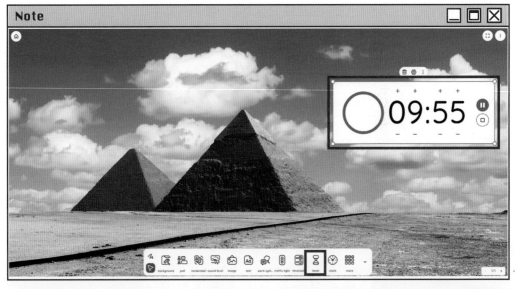

• 다음은 타이머 기능인데요. 다음 활동을 시작하기 위해 정리를 하거나, 하던 활동을 마무리
할 때 시간이 늘어지지 않도록 미리 정해 두고 해야 한다면 클래스룸스크린 프로그램의 타
이머를 켜두고 아이들과 함께 보면서 시간을 조절해 보는 것도 좋겠습니다.

- 지금 몇시인지, 아이들이 아직 시계를 볼 줄 모른다면 클래스룸스크린의 시계 기능을 활용해보세요. 시간을 확인할 수 있어 여러모로 편리합니다.
- 그 밖에도 다양한 기능이 있지만, 이 책에서 모두 다루기 어려우므로, 하나씩 눌러서 살펴보시고 필요한 기능은 활용해 보시기 바랍니다. 교실 분위기가 한단계 UP되는 것을 느끼실 수 있을 거라고 생각합니다.

---

memo

이 외에도 궁금한 기능이 있거나, 필요한 예제 서식이 있다면 네이버 지혜쌤 카페의 [디지털 활용 능력 UP 후기 이벤트] 게시판에 후기와 함께 구글 폼을 작성해 주세요!

구글폼 바로가기

CHAPTER.4

미리캔버스 활용하기

교육 현장에서는 다양한 작업물이 필요한 경우가 많습니다. 직접 작업하여 필요한 자료를 만들 수 있다면 좋겠지만, 시간적인 부분도 비효율적일 수 있고, 작업한 내용도 만족스럽지 않을 수 있습니다. 앞서 살펴보았던 캔바라는 플랫폼 외에도 다양한 디자인 플랫폼이 있는데요. 그 중, 한국 프로그램인 미리캔버스라는 사이트를 살펴보겠습니다. 미리캔버스라는 플랫폼을 통해 보다 쉽게 디자이너, 전문가의 컨텐츠를 활용하여 고퀄리티의 작업물(컨텐츠)를 만들 수 있습니다.

· https://www.miricanvas.com/

 ## 미리캔버스 기본 기능 알기

· 다음과 같은 메인 페이지에서 회원 가입 후, 로그인을 합니다.
· 로그인 후, 바로 시작하기를 눌러 작업을 시작합니다.

- 바로 시작하기를 클릭하면 다음과 같은 페이지가 나타납니다.
- 작업을 시작하기 전 디자인을 할 규격을 선택합니다. 직접 입력을 눌러 숫자를 기입하거나 미리캔버스에서 제공하는 다양한 형식 중 필요에 맞게 고를 수 있습니다.

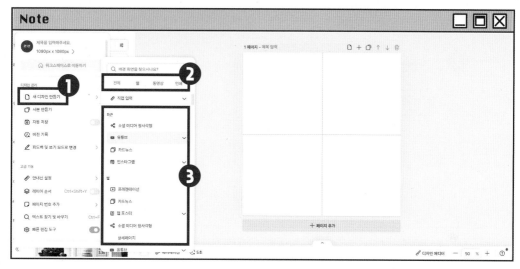

- 현장에서 주로 사용하는 규격으로 인쇄용에서 A4를 선택하였습니다.
- 미리캔버스에서는 이외에도 다양한 규격의 디자인을 제공하고 있으니 활용하시기 바랍니다.

- 미리캔버스의 예시에 없는 사이즈로 디자인 작업을 해야 한다면, 직접 입력을 선택해 규격을 입력할 수도 있습니다.

• 직접 입력을 선택하여 A4사이즈의 규격을 입력하였습니다.

• 그 다음 페이지를 확인한 후, 템플릿이 선택된 상태에서 검색창에 원하는 키워드를 검색합니다.

• 저는 입학을 검색해 보았습니다. 검색 후 하단에 다양한 디자인의 템플릿이 제공되는 것을 확인할 수 있습니다.

- 검색되어 나타난 디자인 중 원하는 템플릿을 선택합니다.
- 다음과 같이 작업 페이지에 내가 선택한 템플릿이 이 때에 우측 상단에 디자인 적용 방식 선택이라는 메시지 창이 나타납니다. 내가 작업하는 페이지에 불러올 디자인을 채울지, 맞출지 혹은 원본의 크기로 적용할지 선택한 후 작업을 시작합니다.

- 움직이거나 수정하고 싶은 요소를 선택하면 하늘색 테두리 박스가 나타납니다.
- 오른쪽 상단의 가랜드를 움직이기 위해 클릭하였더니, 왼쪽의 메뉴가 일러스트라고 변경되었습니다.
- 일러스트로 변경된 메뉴 안에서 속성이나 애니메이션 등을 수정할 수 있게 됩니다. 원하는 위치로 이동한 후, 속성을 변경해 보겠습니다.

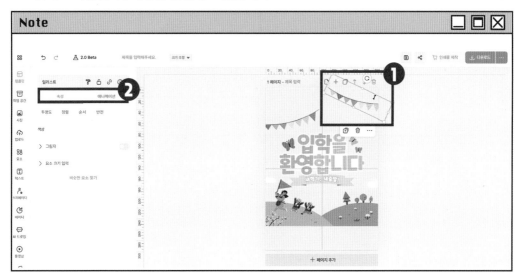

- 속성의 정렬, 순서, 반전의 메뉴를 선택해 위치를 정렬하고 보이는 순서를 조정할 수 있습니다.
- 반전을 선택해 좌우와 상하 반전을 선택할 수도 있습니다.

- 디자인 하단의 선생님과 아이들이 뛰어가는 방향을 반대로 바꾸어 보려고 합니다. 개체를 선택한 후, 메뉴에서 좌우 반전을 선택해 위치를 반전 시켜 보았습니다.

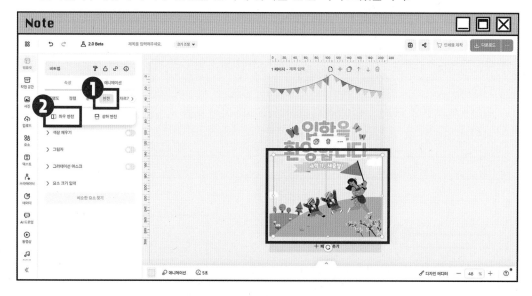

• 작업을 하다가 실수를 한 경우 상단의 되돌리기 버튼을 눌러 이전 화면으로 돌릴 수 있습니다.

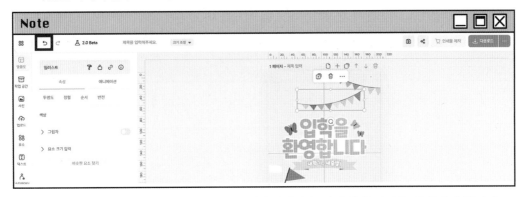

• 움직이는 이미지를 만들고 싶을 때에는 애니메이션을 선택해 움직임을 선택하면 됩니다.

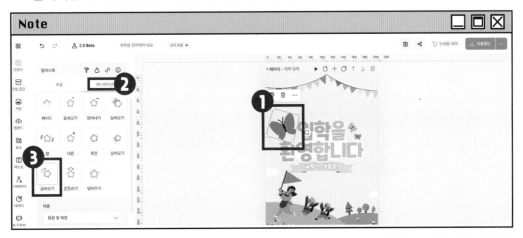

• 애니메이션을 선택하면 등장 및 퇴장을 적용할 수 있습니다. 기본 애니메이션 외의 애니메이션 추가 기능은 현재 유료입니다.

• 기타 속도나 방향, 등장 시간 역시 유료 버전에서 설정할 수 있습니다.(무료 버전에서도 충분히 다양한 애니메이션을 사용할 수 있으니, 기본 기능도 많이 활용해 보세요.)

- 다른 요소의 위치도 하나씩 이동시키거나 삭제하여 템플릿의 전체 디자인을 정리합니다.
- 불러온 템플릿 디자인에서 제공하는 요소를 삭제를 하고 싶은 경우, 원하는 요소를 선택하여 위의 작은 메뉴에서 휴지통 모양을 선택하거나 `Delete` 키를 눌러주세요.

- 요소를 복사하고 싶을 때에는 `Ctrl` 을 누른 후 드래그해 원하는 위치에서 마우스 버튼에서 손을 떼 주세요. 그대로 복사가 되는 것을 확인할 수 있습니다.
- 요소를 선택하여 `Ctrl+c` , `Ctrl+v` 를 눌러 작업을 실행하거나, 마우스 우클릭을 하여 복사-붙여 넣기를 해도 동일합니다.

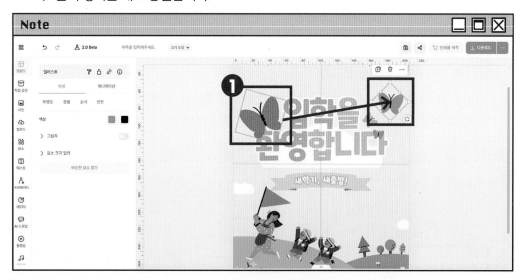

- 요소를 선택하여 원하는 크기로 설정하고 위치를 조정합니다.
- 그 다음 왼쪽의 메뉴에서 색상을 선택해 불투명도를 조절하고, 다른 색으로 변경하거나 그림자와 링크도 삽입할 수 있습니다.

- 위에서 설명한 과정대로 복사한 일러스트[나비] 요소의 색을 바꾸었습니다.

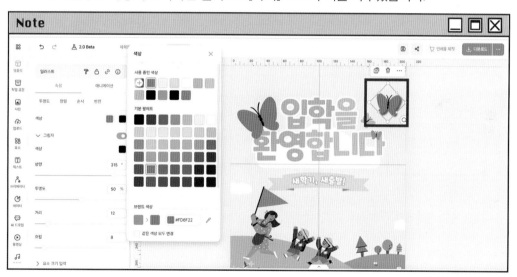

미리캔버스활용하기

- 하단의 요소도 디자인 요소를 변경하기 위해 선택하였더니 일러스트가 아닌 비트맵 이미지라고 나타납니다.
- 비트맵의 경우, 일러스트와 달리 개별 요소의 설정을 변경할 수 없고 불투명도의 조절, 필터의 사용 등이 가능합니다.

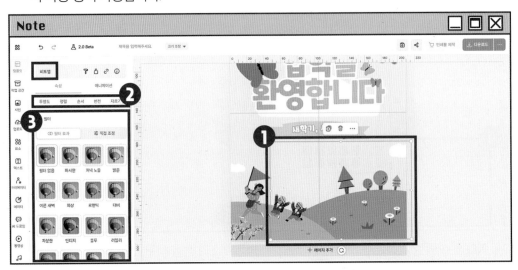

- 비트맵의 불투명도를 조정하였습니다. 투명하게 비치는 정도가 달라질 수 있습니다.

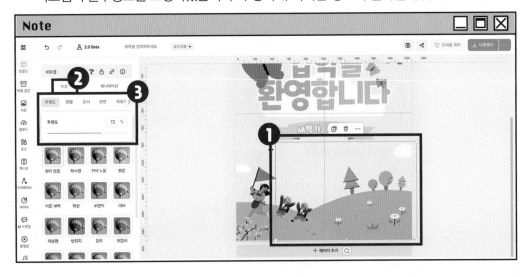

- 비트맵의 이미지의 색은 일러스트 요소처럼 개별 색상을 변경할 수는 없지만 색상 채우기 기능을 선택하여 비트맵 전체 색은 변경할 수 있습니다.

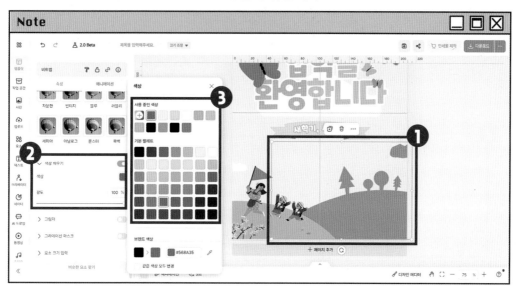

- 이 때에 강도를 조정하여 보여지는 비트맵의 진하기를 조정할 수도 있습니다.

- 그림자 효과를 주어 비트맵에 비치는 그림자도 나타낼 수 있습니다.(디자인을 할 때 좀 더 입체 감을 주어 강조하고 싶을 때에는 그림자 효과를 사용해 보시기를 바랍니다.)

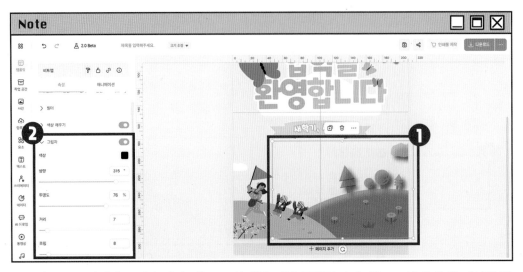

- 텍스트를 변경해 보겠습니다. 텍스트 상자를 더블 클릭하거나, 텍스트의 우측에 커서를 갖 다 댄 후 클릭을 합니다. 그 다음, 변경하고자 하는 문구를 기록합니다.

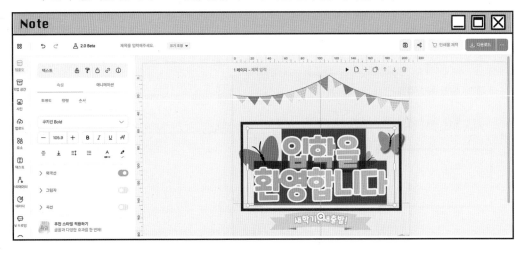

- 텍스트를 선택하면 왼쪽 메뉴에 텍스트의 속성을 변경할 수 있는 창이 나타납니다.
- 해당 창에서 글자의 크기, 굵기, 기울기, 투명도, 기타 내용 등을 수정하면 됩니다.

- 템플릿에 새로운 이모티콘, 일러스트, 이미지 등을 추가로 삽입하고 싶은 경우, 메뉴의 요소에 들어가 원하는 키워드를 검색해 입력 후 원하는 이미지를 선택해 클릭합니다.

· 미 리 캔 버 스 활 용 하 기 ·

237

- 그 후 요소가 삽입된 페이지에서 작업을 하면 됩니다. 이 때에 내가 작업하고자 하는 개체가 잘 선택되었는지 꼭 확인해 주세요. 선택한 개체에는 하늘색 외곽선 테두리가 나타납니다.

- 내가 불러온 디자인의 배경색을 제거하고 싶다면 배경의 빈 공간에서 마우스 우클릭을 한 후, 삭제 버튼을 눌러주세요.

- 배경을 삭제 한 후의 화면입니다.
- 기타 다양한 메뉴의 기능을 활용한 방법은 유튜브 영상을 통해 전달드리도록 하겠습니다.

조은쌤's TIP9.

미리캔버스에서 텍스트에 그라데이션 넣기

• 미리캔버스에서 텍스트를 선택한 후, 글자색을 선택합니다.

• 새롭게 나타난 소메뉴 창에서 색상 우측의 그라데이션을 선택한 후, 원하는 색 그라데이션을 클릭하면 글자의 색이 변경되는 것을 확인할 수 있습니다.

사진으로 배경 만들기

• 기존의 배경을 사진으로 바꾸어 보겠습니다. 왼쪽의 기본 메뉴에서 사진을 선택한 후, 원하는 키워드를 입력합니다. 우측에 선택한 사진이 작업하던 페이지 위에 삽입되었습니다.

• 이 때에 마우스 우클릭을 하여 배경으로 만들기를 선택합니다.

• 선택한 사진이 배경이 되어 디자인이 변경되었습니다.

• 원래의 디자인으로 돌아가고 싶을 때에는 상단의 되돌아가기 혹은 Ctrl+z 를 실행합니다.

🔍 미리캔버스 작업하기

• 기본 메뉴 중 배경 메뉴에서 공원을 검색한 후, 원하는 사진을 클릭하여 작업 페이지에 불러옵니다.

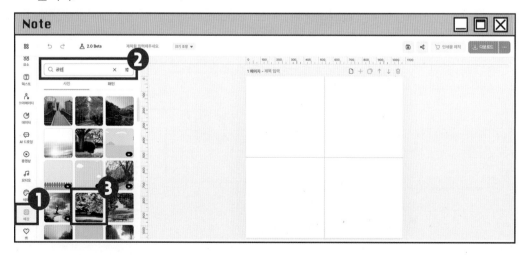

- 배경을 선택한 후, 상단의 배경 편집 버튼을 클릭합니다.

- 배경 편집 메뉴의 하단에 위치한 그라데이션 마스크를 선택하여 배경을 편집합니다.

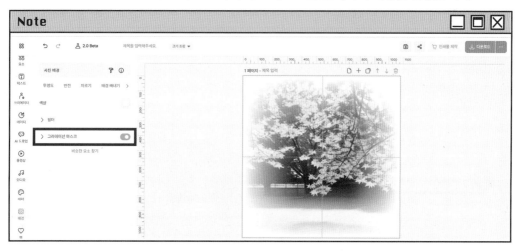

- 텍스트 메뉴를 선택한 후, 삽입된 텍스트 상자를 클릭해 필요한 문구를 입력합니다.

미리캔버스 활용하기

• 텍스트의 기본 색상을 하얀색으로 변경합니다.

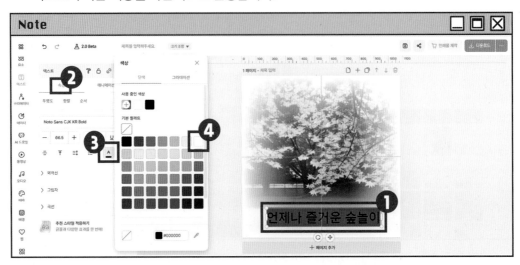

• 외곽선, 그림자, 곡선, 배경색 등의 추가 설정을 하여 텍스트를 예쁘게 꾸며줄 수 있습니다.

• 아래의 그림은 텍스트의 외곽선에 색과 두께를 설정하여 나타낸 효과입니다.

• 위의 과정에서 텍스트에 그림자를 추가하여 입체적인 효과를 나타낼 수도 있습니다.

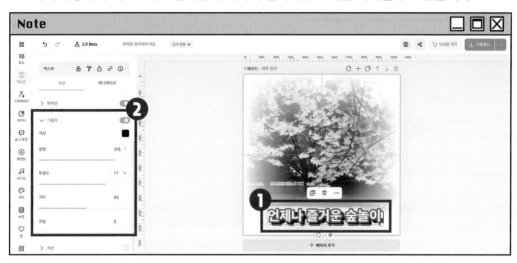

• 요소 메뉴에 들어가 다양한 요소를 추가할 수 있습니다.

• 요소 메뉴에서는 컬렉션, 일러스트, 아이콘, 조합, 애니, 도형, 선, 프레임, 차트, 표, AI드로잉 등의 다양한 기능을 제공하고 있습니다.

• 그 중 프레임 카테고리에서 사진을 추가로 삽입할 수 있는 다양한 프레임을 살펴봅니다.

• 미리캔버스활용하기 •

243

미캔꿀팁1. 프레임 사용하기

- 프레임 메뉴에서 분할 프레임을 선택하여 페이지에 삽입합니다.

- 내 PC에 저장된 사진 혹은 미리캔버스에서 제공하는 사진 등을 삽입하여 페이지를 꾸며줍니다.
- 이 때에 삽입하고 싶은 사진은 메뉴(혹은 업로드 메뉴)에서 클릭하여 페이지에 불러온 후, 해당 프레임으로 드래그 하면 됩니다.

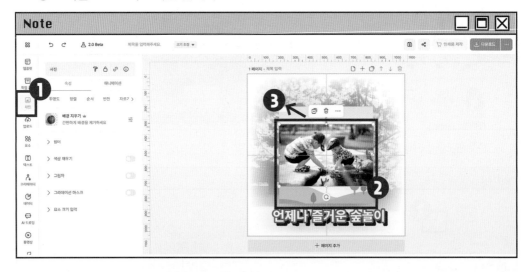

- 세 칸의 분할 프레임에 각각의 사진을 드래그 하여 넣어 주었습니다.

- 프레임 안의 사진의 위치나 크기를 수정하고 싶을 때에는 프레임 안의 사진을 더블클릭 한 후, 조정을 합니다.
- 원하는 위치와 크기를 설정한 후, 하단의 체크 표시를 눌러줍니다.

미캔꿀팁2. 패턴으로 배경 꾸미기

- 새 파일을 열어 새로운 작업을 해보겠습니다.
- 배경 메뉴에서 패턴을 눌러 다양한 패턴을 확인한 후, 원하는 패턴을 선택합니다.

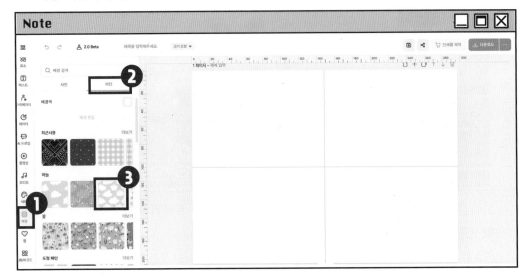

미캔꿀팁3. 안내선 설정하기

- 작업을 할 때 왼쪽 상단의 버튼을 클릭해 메뉴를 열어 준 후, 고급 기능의 안내선 설정 – 안내선 표시를 활성화 하면 중앙에 십자선이 나타나 작업하기에 편리합니다.

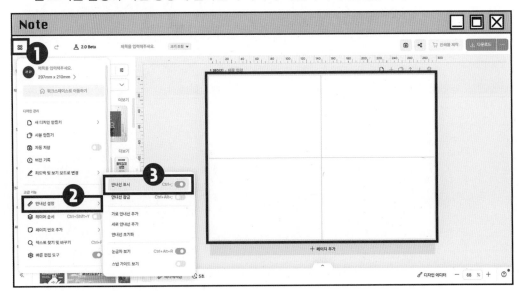

• 다음과 같이 패턴 배경으로 변경된 것을 확인할 수 있습니다.

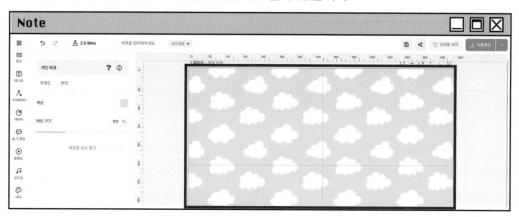

• 배경 편집을 눌러 패턴 배경 편집 메뉴를 불러온 후, 패턴의 불투명도, 크기 등을 조정해 새로운 분위기를 연출할 수 있습니다.

• 물론 패턴의 색도 변경할 수 있습니다.

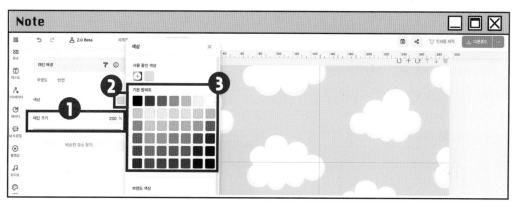

• 업로드 메뉴에서 내 PC에 저장한 사진을 불러옵니다.

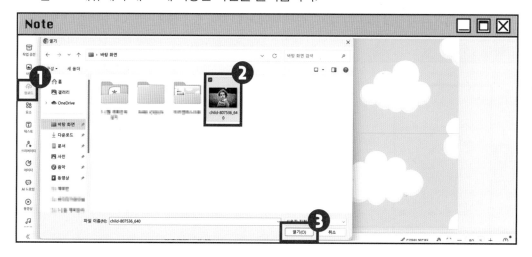

미리캔버스 활용하기

미캔꿀팁4. 배경 제거하기

- 미리캔버스에서 제공하는 배경제거 기능으로 리무브 백그라운드 사이트를 이용하지 않고
  도 배경을 제거할 수 있습니다.

- 다음과 같은 로딩 화면이 지난 후, 배경이 제거된 사진을 확인할 수 있습니다.

- 배경이 제거된 사진을 확인한 후, 요소 메뉴에서 다양한 요소를 선택하여 꾸며줍니다.

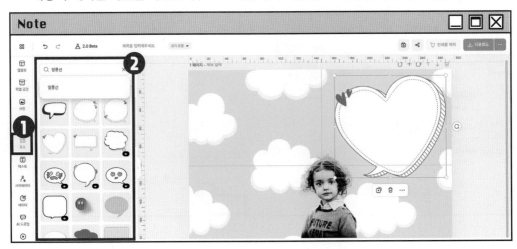

• 저는 아래와 같이 요소에서 말풍선을 검색하여 페이지를 꾸며주었습니다.

• 불러온 요소에서 필요에 따라 좌우 반전을 선택하거나 위치 등을 조정하고, 마우스로 말풍선을 드래그하여 크기를 설정하였습니다.

- 미리캔버스의 텍스트 메뉴에서 기본 텍스트 외에도 기본 텍스트 메뉴 하단의 다양한 카테고리의 텍스트 디자인을 선택하여 글자를 꾸밀 수 있습니다.
- 그 중 효과음/감정표현 카테고리에서 두근두근과 콩닥콩닥이라는 텍스트 폰트를 선택하였습니다.
- 텍스트 상자를 클릭해 원하는 문구로 수정이 가능합니다.

- 요소 메뉴의 검색창에 생일이라는 키워드를 입력해 케이크와 기타 이미지 등을 삽입하여 꾸며 주었습니다.

- 작업을 마친 후, 파일의 제목명을 작성한 후, 다운로드 합니다.
- 보통 웹용의 PNG를 선택한 후, 고해상도 다운로드를 클릭하도록 합니다.

- 그럼 다음과 같은 화면으로 변경되며 원하는 형식의 파일로 다운로드 된 것을 확인할 수 있습니다.
- 다운로드된 파일은 내 PC의 다운로드 폴더에서 확인합니다.

영상 에디터로 간단하게 영상 만들기

- 새 파일을 만들어 동영상을 만들어 보겠습니다.
- 빈 페이지에 배경에서 위와 같은 과정으로 배경을 설정합니다.

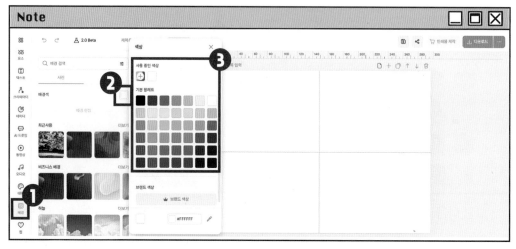

- 배경 메뉴에는 사진, 패턴 외에도 단색을 배경으로 세팅할 수 있습니다. 이번에는 노란색의 단색 배경을 만들었습니다.
- 기본 메뉴 중반에 위치한 AI드로잉 기능을 살펴보겠습니다. 미리캔버스에서 제공하는 이미지 생성 프로그램입니다.

- 메뉴로 이동하면 다음과 같은 창이 나타납니다.
- 스타일 메뉴에서 원하는 스타일을 선택합니다.

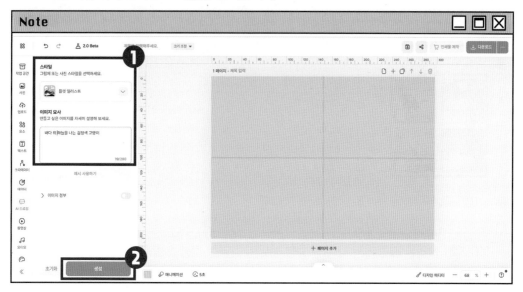

- 이미지 묘사 메뉴의 검색창에 원하는 스타일의 그림을 문장 등으로 입력한 후, 아래의 생성 버튼을 클릭합니다.
- 원하는 형태의 그림이 생성되지 않았다면 다시 만들기 버튼을 눌러 재생성 하거나, 이미지 묘사글을 좀 더 자세하게 작성한 후, 생성을 눌러주세요.

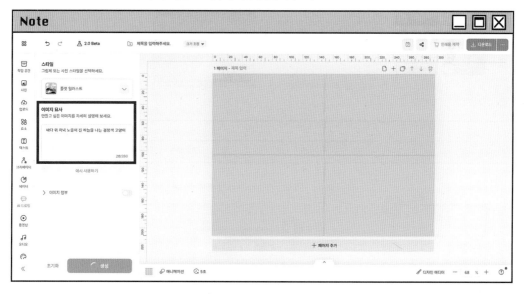

미리캔버스 활용하기

• 생성된 이미지 중 원하는 그림을 선택하여 배경 화면에 삽입합니다.

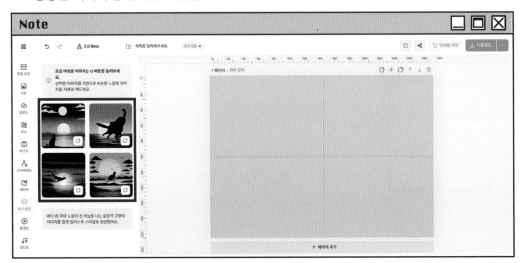

• 이미지가 삽입된 배경에서 사진의 속성 메뉴의 다양한 기능을 활용해 수정합니다.

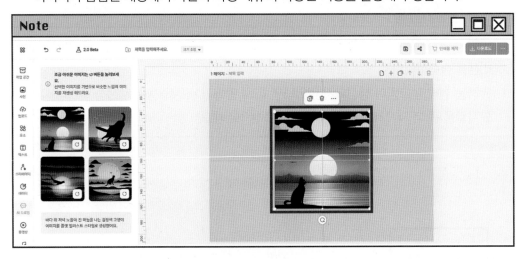

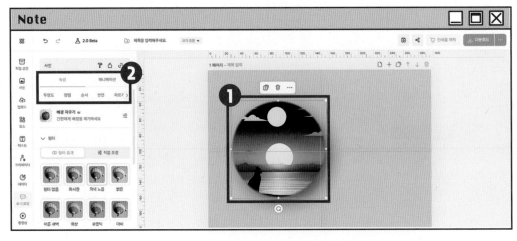

- 텍스트를 삽입하여 원하는 문구를 입력합니다.
- 텍스트 메뉴로 이동해서 앞서 배워보았던 다양한 기능을 사용해 텍스트를 꾸며줍니다.

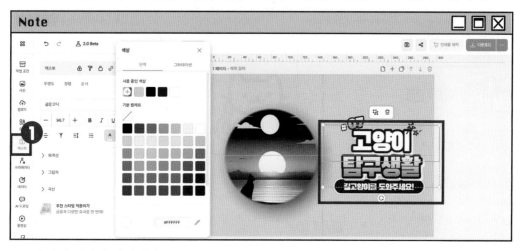

- 하단의 디자인 에디터버튼을 클릭해 동영상 에디터로 변경합니다.
- 동영상 작업 공간이 세팅이 되면, 영상을 만드는 데 필요한 만큼 슬라이드를 복제하거나 새 슬라이드를 추가합니다.

• 영상을 구성하는 각 페이지마다 필요한 문구와 이미지 등을 추가합니다.

• 오디오 메뉴에서 동영상에 삽입할 오디오를 선택합니다.
• 작업 라인의 재생 버튼을 클릭해 동영상의 스토리를 확인합니다.
• 작업을 마친 후, 다운로드를 클릭해 동영상의 MP4를 선택하여 다운로드 합니다.

내 PC의 사진 업로드 하는 방법

- 미리캔버스에서 제공하는 사진이 아닌, 업로드 버튼을 클릭하여 내 PC에 저장된 사진을 불러와 작업할 수 있습니다.

- 아래의 창이 나타나면 내 PC에 저장된 이미지(동영상)을 찾아 열기를 누른 후, 작업을 하면 됩니다.

미리캔버스 예제1. **우리반 약속판 만들기**

1년을 운영할 우리 반의 약속을 아이들이 잘 알 수 있도록 예쁜 약속판을 만들어 보겠습니다.

- 먼저 디자인을 하기 위한 규격을 설정합니다. 보통 A4용지에 출력을 하므로, 직접 입력에서 가로 사이즈의 규격을 기입한 후, 적용하기를 선택합니다.

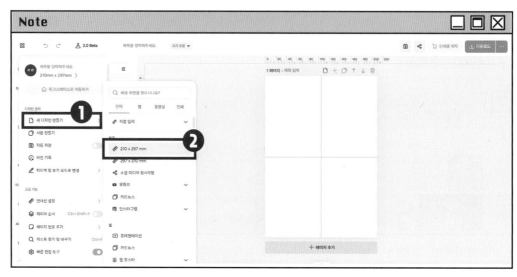

- 미리캔버스에서 제공하는 템플릿을 활용할 예정입니다.
- 템플릿 메뉴에서 규칙이라는 키워드를 검색하여 보겠습니다.

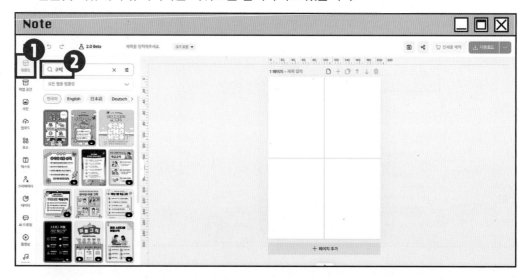

- 원하는 디자인을 선택하면 작업페이지에 삽입됩니다. 이 때에 디자인 적용 방식을 알맞게 선택해 주세요.

- 먼저 기존 템플릿의 배경을 삭제하여 새로운 분위기를 연출해 보겠습니다.
- 배경 메뉴에서 패턴을 선택하여 꾸며줍니다.
- 배경 편집 메뉴를 사용하여 패턴의 크기 및 색깔 등을 변경합니다.

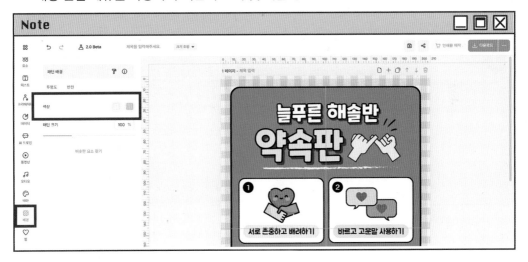

- 요소 메뉴로 이동하여 약속이라고 검색을 한 후, 약속을 하는 손모양의 일러스트를 삽입하였습니다.

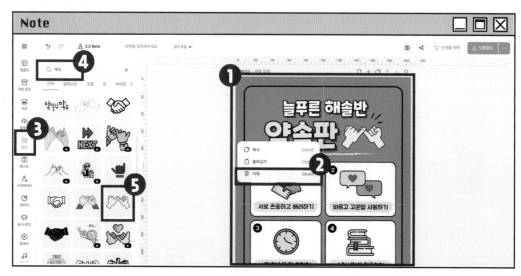

필요한 경우, 일러스트의 색을 변경하거나 좌우 반전 등을 사용해 사진과 어울리게 조정합니다.

- 가운데에 위치한 도형을 클릭한 후, 왼쪽의 메뉴에서 색을 변경해 줍니다.

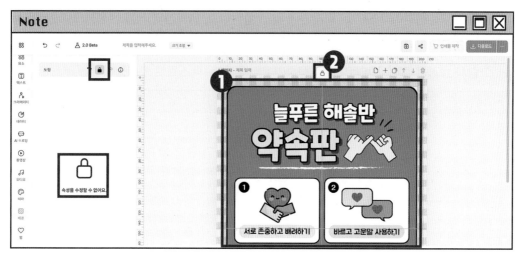

- 변경하고 싶은 개체를 선택하였는데, 변경이 되지 않는 경우는 잠금이 되어 있기 때문입니다. 이 때에는 상단의 자물쇠 모양의 아이콘을 클릭하여 잠금을 해제한 후, 작업을 진행합니다.

- 다음, 각 요소를 필요에 의해 삭제하거나 수정, 새롭게 삽입하여 약속판의 내용을 꾸며줍니다. 요소를 선택할 때에 왕관표시가 있는 것은 유료 요금제에 해당하니, 잘 선택해 주세요.

미 리 캔 버 스 활 용 하 기

- 글자조정의 행간이나 자간을 디자인에 맞게 설정하고, 외곽선의 색을 검정색으로 한 후, 두께를 조금 키워주었습니다.
- 그림자 효과를 주어 입체적으로 설정하면 아래와 같은 텍스트로 변경됩니다.

 미리캔버스 예제2. 현수막 만들기

기관에서는 다양한 행사와 활동 프로그램등을 진행하는데, 매번 현수막을 주문 제작하기는 어려울 수 있습니다.

미리캔버스 프로그램을 통해 직접 만들어 보겠습니다.

- 먼저 규격을 현수막 가로형으로 선택합니다.

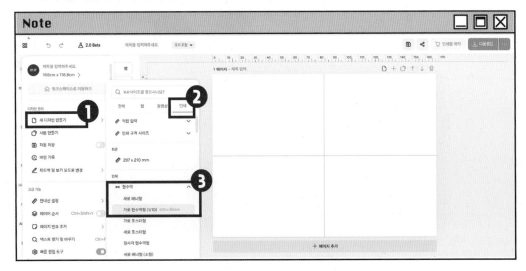

- 템플릿 메뉴에서 필요한 키워드를 입력합니다.

- 모집이라는 단어를 검색해 원하는 디자인의 현수막 도안을 클릭합니다.

- 텍스트를 추가하여 기관의 정보 및 모집 내용을 수정합니다.

- 텍스트의 색과 모양 등을 설정하여 강조하는 효과를 나타내어 줍니다.

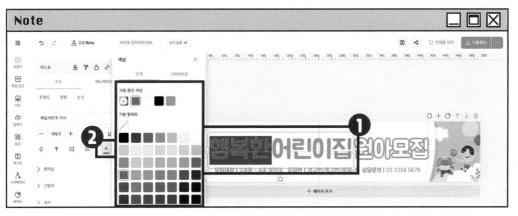

- 기관의 프로그램 등을 상세하게 볼 수 있는 홈페이지 주소를 입력하기 위해 QR/바코드 메뉴의 QR을 선택하고 공란에 기관의 홈페이지 URL주소를 입력합니다.

미리캔버스 활용하기

- 기관의 로고 및 필요한 내용을 복사하여 붙여넣기를 합니다.

- 현수막의 그림은 요소 메뉴에서 추가하거나 변경할 수 있습니다.

- 요소 메뉴의 프레임을 삽입하여 실물 사진도 넣어보았습니다.

- 예쁜 현수막을 완성해 보았습니다.

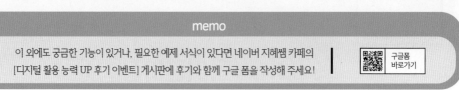

CHAPTER.5

CAPCUT 활용하기

캡컷이라는 사이트에서 보다 쉽게 영상을 만들고 편집할 수 있습니다. 캡컷은 핸드폰 어플리케이션과 연동되어 활용할 수 있는 장점이 있습니다. 또한 타프로그램에서 유료로 제공하는 수준의 다양한 고급 기능도 무료로 사용할 수 있습니다.

· https://www.capcut.com/ko-kr/

 ## 캡컷 기본 기능 알기

· 다음은 메인 화면의 모습입니다.
· 회원 가입을 한 후, 새 동영상 만들기를 클릭하여 작업을 시작합니다.

- 작업하고자 하는 동영상의 크기를 선택합니다.
- 영상을 제작할 때 가장 먼저 어떤 규격의 영상을 만들 것인지 생각한 후, 하단의 네모 박스 안의 규격 중에 알맞은 것을 선택합니다.

- 다음과 같은 화면이 나타나면 노란 박스의 확인을 눌러 작업을 시작합니다.

- 왼쪽의 메뉴에서 필요한 기능을 선택하여 작업을 합니다.
- 사진 메뉴를 클릭하면 캡컷에서 제공하는 다양한 사진을 확인할 수 있습니다.
- 검색창 아래에는 캡컷에서 제공하는 키워드가 영문으로 되어 있습니다. 각 카테고리 안의 사진을 클릭하면 오른쪽의 영상 작업 페이지에 자동으로 사진이 올려집니다.

- 확인을 누르고 작업을 시작합니다.
- 사진을 클릭하면 오른쪽에 소메뉴가 생성됩니다. 세부 내용을 수정하여 사진을 꾸며주세요.

- 사진의 색이나 투명도, 사진 배경의 색을 바꿀 수 있습니다.
- 하나씩 기능을 눌러보면서 동영상의 배경 사진을 꾸며줍니다.

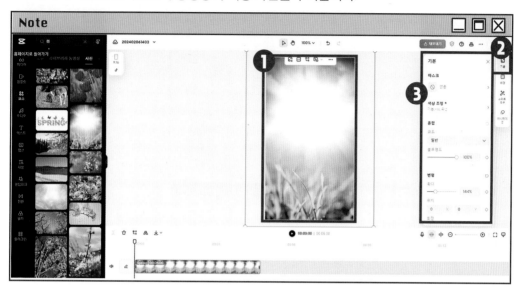

- 배경이나 스마트 도구, 애니메이션 등의 사진 기본 편집을 한 후, 아래의 작업 표시줄을 사용해 영상을 만드는 작업을 시작합니다.

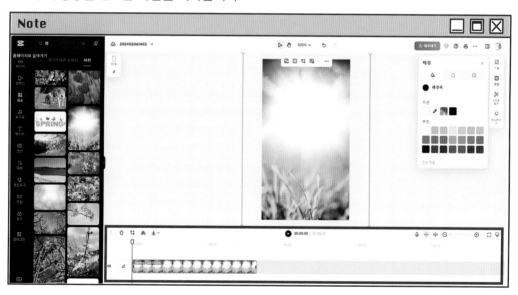

CAPCUT 활용하기

269

- 인물 사진의 경우, 보정 기능을 사용하여 얼굴의 이미지 등을 수정할 수 있습니다.

- 화면 하단의 편집 메뉴입니다.
- 왼쪽부터 전환효과/ 휴지통/ 역방향/ 자르기/ 미러링/ 대본기반편집의 기능입니다.

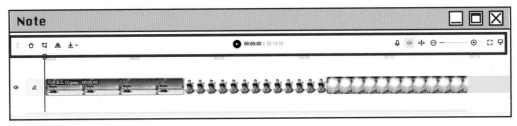

- 바늘 모양의 기준선을 움직여 편집할 부분으로 위치하게 둔 후, 편집 기능을 선택하여 작업을 합니다.

- 재생 버튼을 클릭해서 작업 중간 만들고 있는 영상의 내용을 플레이하여 미리 보기를 할 수 있습니다.

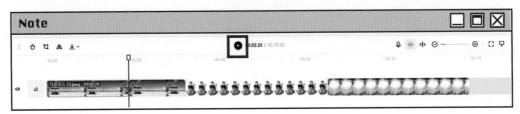

- 오른쪽 작업표시줄을 확대, 축소하여 작업하는 공간의 내용을 확대하거나 축소해 영상을 보다 편리하게 작업할 수 있습니다.

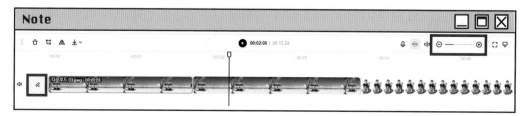

- 영상의 커버 사진을 작업할 때 클릭하여 사용합니다.

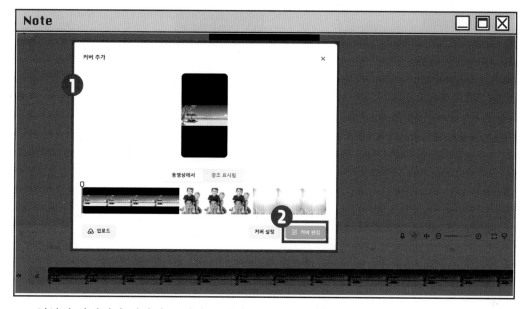

- 영상의 사진이나 영상이 보여지는 시간을 줄이거나 늘릴 때에는 사진이나 영상의 우측 라인에 마우스를 갖다대어 검정색 세로 바가 나타날 때 원하는 위치로 좌우 이동을 하여 조절을 할 수 있습니다.

- 나의 핸드폰, PC등에 있는 영상 외에도 캡컷에서 제공하는 다양한 영상 파일도 사용할 수 있습니다.
- 원하는 키워드를 검색하여 나타난 영상 중 마음에 드는 영상을 선택하면 작업표시줄에 영상 파일이 옮겨집니다.
- 영상을 선택해 각 모서리에 나타난 작은 동그라미를 선택하여 드래그하면 영상에서 보여지는 영상의 위치나 크기 등을 조정할 수 있습니다.

- 캡컷에서 제공하는 오디오를 선택해 음악이나 음향효과를 삽입할 수 있습니다.
- 오디오를 선택하면 아래의 작업표시줄에 오디오가 삽입되는 것을 확인할 수 있습니다.
- 작업표시줄에서 음악이나 음향효과를 편집할 수 있습니다.

- 텍스트 메뉴를 선택해 영상에 대한 설명이나 자막, 정보 등의 내용을 입력합니다.
- 캡컷에서도 다른 디자인플랫폼과 같이 기본 폰트 외에 다양한 폰트를 제공합니다.
- 기본 폰트 외에 텍스트 템플릿에서는 트렌딩, 자막 등의 다양한 디자인의 폰트를 제공하고 있습니다.

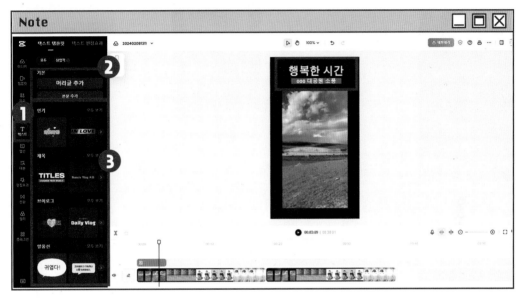

- 캡컷에서는 직접 텍스트를 입력하는 것 외에도 메뉴의 캡션 기능을 활용해 영상에 녹음된 소리를 자막으로 만들 수 있습니다.
- 음성이 녹음된 영상을 불러온 후, 왼쪽 메뉴의 캡션을 클릭하여 가장 상단 자동 캡션을 클릭합니다. 자동 캡션을 활용해 영상을 만드는 과정은 조은쌤 유튜브를 통해 전달하겠습니다.
- AI기능을 통해 자동으로 생성된 자막을 확인하여 오타 등의 수정사항은 직접 변경합니다.

• 핸드폰에 있는 영상을 업로드 할 때에는 업로드 버튼 아래의 핸드폰 아이콘을 클릭 후, QR
코드를 핸드폰 카메라로 스캔하여 올리는 방법이 가장 간단하고 쉽습니다.

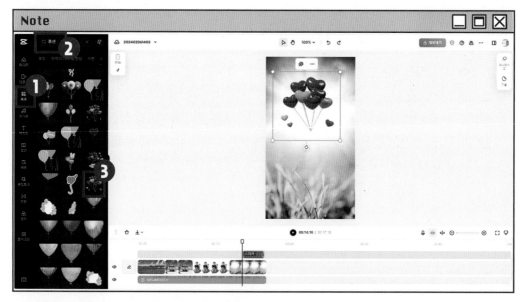

• 사진이나 영상을 배치하고 텍스트 내용 및 오디오 등을 삽입한 후, 스티커 메뉴를 활용해 다
양한 요소를 추가하여 영상을 꾸며줍니다.

• 이 때에 영상 편집 페이지에 삽입된 스티커를 클릭하여 오른쪽 소메뉴의 애니메이션 등 다양한 기능을 넣어서 꾸며주세요.

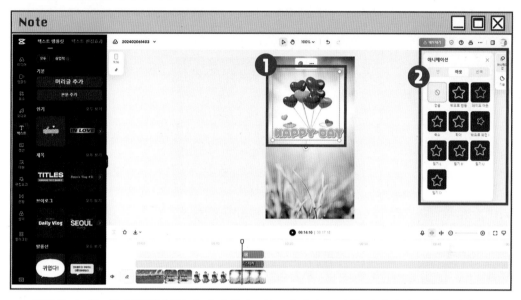

• 편집효과 메뉴를 선택해 영상에 나타낼 수 있는 다양한 효과를 선택하여 꾸며줍니다.

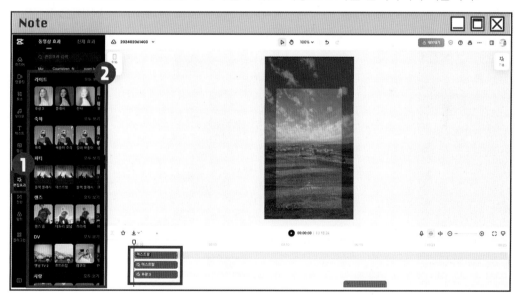

- 메뉴의 전환 기능을 선택하여 화면이 바뀌는 순간에 다양한 효과를 추가로 설정할 수 있습니다.

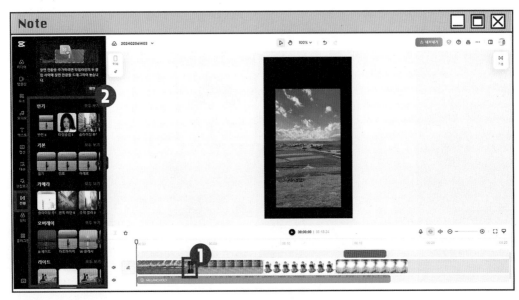

- 필터 메뉴를 선택하여 영상 안의 사진, 동영상에 여러 가지 분위기를 연출해 낼 수 있습니다.

- 작업을 마무리 하여 영상을 완성한 후, 내보내기를 선택해 파일 이름을 기록하고, 해상도를 선택합니다.
- 다음과 같은 화면이 나타나며 영상이 저장됩니다.

- 다음 대상에 동영상 공유 - 다운로드를 클릭해서 PC에 저장합니다.
- 캡컷의 웹버전, PC 프로그램에서 동일한 계정으로 로그인한 후, 작업물을 저장하면 핸드폰 어플리케이션에서도 함께 보고 편집도 할 수 있습니다. 그 밖에 유튜브, 인스타그램 등에 바로 공유할 수 있으니 활용해 보세요!

🔍 템플릿으로 간단하게 영상 만들기

- 직접 영상을 만드는 것 뿐만 아니라 메인페이지의 동영상 템플릿에서 사용자들이 공유한 템플릿을 선택해 내사진으로 교체하여 보다 쉽게 영상을 만들 수도 있습니다.
- 저는 보통 브이로그, 라이프스타일, 챌린지 등의 템플릿을 자주 활용하는 편입니다.

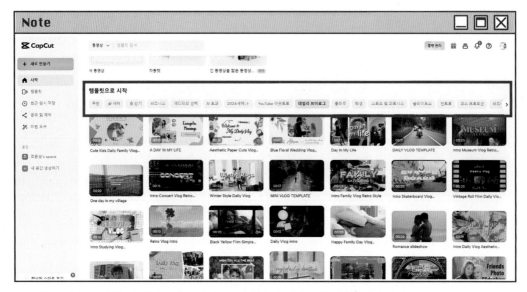

- 템플릿의 다양한 카테고리 중 원하는 스타일의 템플릿을 선택합니다.
- 템플릿을 선택하면 다음과 같은 창이 나타나며 템플릿에 대한 설명을 합니다.
- 몇 장의 사진이 필요한지, 텍스트는 어떻게 삽입되었는지, 조회수 등을 확인할 수 있습니다.
- 원하는 형태의 템플릿을 고른 후, 템플릿의 정보를 확인하고 이 템플릿 사용 버튼을 클릭합니다.

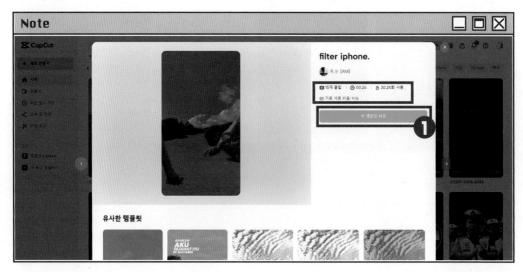

- 하단의 작업표시줄의 교체 버튼을 클릭하여 내 PC의 사진 혹은 캡컷에서 제공하는 사진으로 바꾸어 영상 작업을 진행합니다. 혹은 바로 사진을 클릭하면 순서대로 기존 사진이 내가 클릭한 순서대로 교체됩니다.

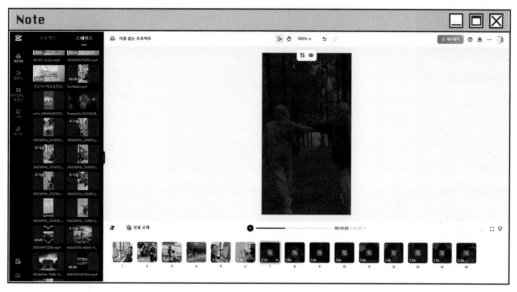

- 템플릿에서 제공하는 영상 페이지 안의 텍스트를 클릭하여 오른쪽에 소메뉴가 생성되면 내가 원하는 문구로 수정합니다. 이 때, 텍스트가 없는 템플릿은 텍스트를 삽입할 수 없을 확률이 높습니다.
- 템플릿은 캡컷의 사용자가 창작한 작업물을 공유하는 것으로 작업물의 세팅 그대로 사용하도록 되어 있는 경우가 대부분입니다.
- 텍스트의 내용을 수정할 수는 있지만 텍스트를 추가하거나, 클립 수나 전환효과, 오디오 삽입 등을 변경하지 못하도록 막아두는 경우가 많으니, 참고해주세요!

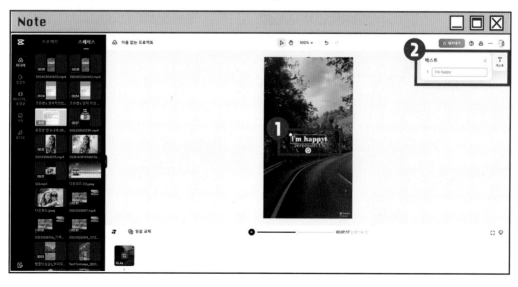

- 편집을 마친 후, 상단의 내보내기를 클릭하여 저장을 합니다.
- 저장한 영상 파일은 메인페이지의 최근 임시 저장에서 확인할 수 있습니다.

 캡컷 예제. 활동 소개 영상 만들기

기관에서 반운영 계획이나 우리 반의 활동, 행사 등을 안내하는 영상을 만들 수 있습니다.
간단한 예제로 함께 만들어 보겠습니다.

- 우선 메인 페이지에서 새 동영상 만들기를 선택하여 줍니다.

- 작업하고자 하는 영상의 규격을 선택합니다.

- PC 혹은 핸드폰의 사진을 미디어 메뉴의 클라우드에서 선택하여 가지고 옵니다.

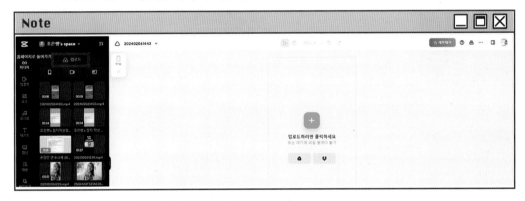

- 사진을 차례대로 삽입한 후, 편집을 시작합니다.

- 이 때 사진을 드래그 하여 원하는 위치로 이동하거나 영상에서 보여지는 시간 등을 조절하여 줍니다.

281

- 사진을 클릭하여 우측의 배경 메뉴를 선택합니다.
- 배경색 등을 원하는 디자인으로 다시 설정하여 영상의 배경을 디자인합니다.

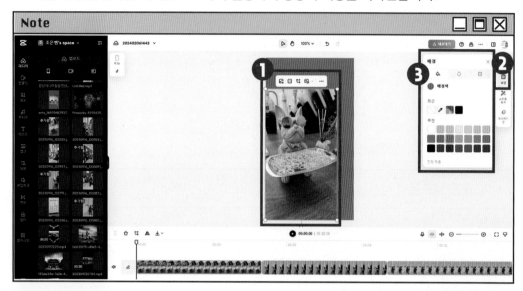

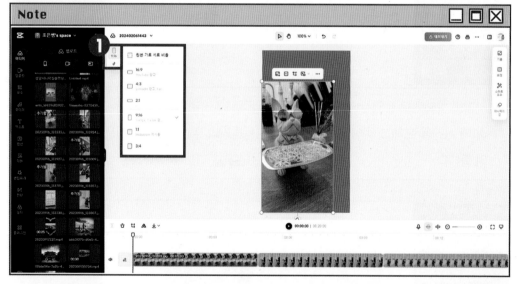

- 작업을 하다가 사이즈를 바꾸고 싶은 경우, 왼쪽 상단의 규격을 클릭해서 원하는 규격을 선택해 주시면 됩니다.
- 하나의 장면에 두 개 이상의 사진을 넣고 싶을 때에는 원하는 사진을 해당 슬라이드의 사진 윗줄로 드래그 하면 됩니다.
- 드래그 한 후, 이후 삽입한 사진의 크기와 위치를 조정하여 줍니다.

- 사진에 필요한 편집효과를 주기 위해서 하단의 편집효과 메뉴로 이동해 원하는 형태의 효과를 선택합니다.

- 사진 중 배경을 제거하고 싶은 이미지가 있다면 사진을 선택한 후, 우측의 스마트도구의 배경 제거를 이용해 배경을 제거합니다.

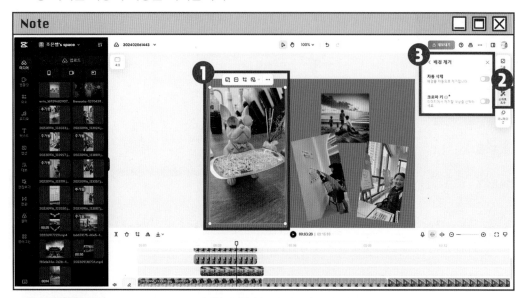

- 아래와 같이 배경이 제거된 이미지는 원하는 위치에 이동시킵니다.

- 이미지와 어울리는 요소를 찾기 위해 스티커 메뉴로 이동하여 원하는 키워드를 검색하여 삽입한 후, 텍스트를 입력합니다.

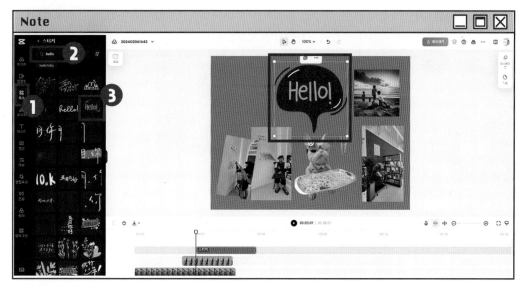

- 삽입한 스티커에 애니메이션 효과를 주어 재미있는 움직임을 나타냅니다.

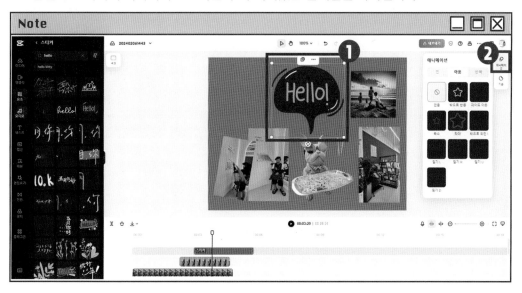

- 이 때에 하단의 작업표시줄을 확인하며 편집 작업을 진행합니다.
- 각 슬라이드에서 보여지는 스티커, 사진의 길이를 알맞게 조정해야 영상에서 어색한 부분이 없게 됩니다.

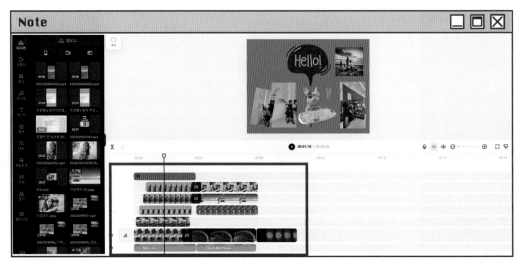

- 텍스트 메뉴에서 원하는 디자인의 텍스트 템플릿을 선택하거나 기본 텍스트를 선택하여 필요한 문구를 삽입합니다.
- 우측의 텍스트 기본 메뉴와 애니메이션 등을 활용하여 다양한 효과를 적용해 줍니다.
- 영상을 구성하고 커버까지 완성한 후, 상단의 내보내기 버튼을 클릭하여 다운로드를 하면 영상을 저장하고 재생할 수 있습니다.

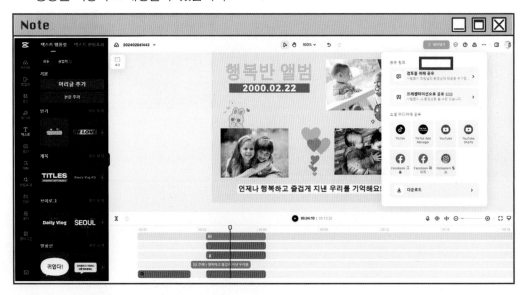

✓ 이 외에도 캡컷 프로그램을 이용한 다양한 주제의 영상 만들기 과정은 교재에서 모두 다루기가 어려운 관계로 조은쌤 유튜브 영상을 통해 제공하도록 하겠습니다.

memo

이 외에도 궁금한 기능이 있거나, 필요한 예제 서식이 있다면 네이버 지혜쌤 카페의
[디지털 활용 능력 UP 후기 이벤트] 게시판에 후기와 함께 구글 폼을 작성해 주세요!

구글폼
바로가기

· C A P C U T 활용하기 ·

디지털 도구 활용백서

조은쌤 & 지혜쌤이 알려주는 어린이집/유치원/학교선생님 필수 디지털 활용법

발행일 2024년 3월 4일

편저자 조은쌤 박조은

발행인 조순자   **편집** 김현수

판매처 인성재단(지식오름)

ISBN 979-11-93686-28-7

정가 26,000원